江苏高校优势学科建设工程项目
江苏高校哲学社会科学研究一般项目（2021SJA0141）
江苏省双创博士基金

Social Differentiation of
Urban Low-income Groups´ Spatiotemporal Behavior

城市低收入群体时空行为的社会分异研究

汪徽　胡明星·著

东南大学出版社
·南京·

内 容 提 要

改革开放以来，中国国民经济有了很大增长，但社会贫富差距持续扩大，国内社会经济发展不平衡问题越加凸显。关注低收入群体，坚持公平正义，不仅关系国家的长治久安，还是全面建设小康社会的必然要求。当前个体的日常活动和生活方式呈现多样化趋势，中国城市的社会空间研究呈现更多的复杂性。本书采用个体时空行为的微观视角，从个体时空特征、个体对城市空间的利用、个体公共服务设施可达性等三个方面，从总体和社区两个层面，对比低收入群体和非低收入群体活动空间的差异，试图勾勒出我国城市低收入群体的社会空间分异现状，总结低收入群体在当前社会空间发展中存在的问题，为制定公平正义的城市策略提供理论依据。

图书在版编目（CIP）数据

城市低收入群体时空行为的社会分异研究／汪徽，胡明星著．—南京：东南大学出版社，2022.12
  ISBN 978-7-5766-0490-0

Ⅰ．①城… Ⅱ．①汪…②胡… Ⅲ．①城市-贫困问题-研究-中国 Ⅳ．①F126

中国版本图书馆 CIP 数据核字（2022）第 231606 号

责任编辑：丁丁 责任校对：韩小亮 封面设计：王玥 责任印制：周荣虎

城市低收入群体时空行为的社会分异研究
Chengshi Dishouru Qunti Shikong Xingwei De Shehui Fenyi Yanjiu

著　者	汪　徽　胡明星
出版发行	东南大学出版社
社　址	南京市四牌楼 2 号　邮编：210096　电话：025-83793330
网　址	http://www.seupress.com
电子邮箱	press@seupress.com
经　销	全国各地新华书店
印　刷	江苏凤凰数码印务有限公司
版　次	2022 年 12 月第 1 版
印　次	2022 年 12 月第 1 次印刷
开　本	787 mm×1 092 mm　1/16
印　张	11.5
字　数	252 千
书　号	ISBN 978-7-5766-0490-0
定　价	78.00 元

本社图书若有印装质量问题，请直接与营销部联系。电话（传真）：025-83791830

前　言

在以人为本、重视人的需求的新型城镇化背景下,基于弱势群体日常生活时空需求的基础研究是实现公共服务均等化、精准化配置的重要命题。城市低收入群体是破解城市发展"短板"、保障和改善民生、促进经济社会均衡发展的关键所在,通过对低收入群体日常出行特征的研究及对其城市空间时空需求的分析,可以了解其行为空间的形成机制及其与实体空间的相互关系,判断空间均衡性是否满足低收入居民日常出行活动所需,为相关规划指标制定提供参考。

21世纪以来,中国城市化进程不断深化,伴随城市空间结构重构、现代交通技术和信息技术飞速发展,居民的移动性有了很大提高,居民的日常活动空间趋于多样化和个性化。从个人活动地点来看,居住空间只是个体日常活动空间之一,因购物、就业、休闲等活动目的而访问的非居住空间可能会增加或减少个体被社会隔离和排斥的程度。因此,以往基于居住地的社会空间研究范式显得不够全面。国内已有学者针对不同城市、不同社会群体、不同活动类型等开展大量实证研究,但是对行为主体和城市空间之间的互动关系关注很少。因此,本书拟基于多学科理论和方法论,构建时空行为下的低收入群体日常活动空间特征及分异的研究框架,深入探究低收入群体日常生活的时空间特征及其和城市空间的互动关联,判断其日常活动的时空需求是否得到满足,并对由此反映出的城市低收入人群时空分异现状进行研判。本书不仅为微观视角下的低收入群体生活空间研究提供方法和实证上的补充,还为以人为本的城镇化转型背景下的精细化城市规划和城市管理提供理论依据。

目　录

前言

第1章　绪论 ……………………………………………………………………… 001
　1.1　研究背景 ……………………………………………………………………… 001
　　1.1.1　中国城市社会空间发展进入快速转型阶段 ……………………………… 001
　　1.1.2　关注低收入群体的生活质量是全面建设小康社会的必然要求 ………… 001
　　1.1.3　基于个体行为的低收入生活空间研究是贫困空间研究的新视角 ……… 002
　1.2　研究意义 ……………………………………………………………………… 003
　　1.2.1　理论意义 …………………………………………………………………… 003
　　1.2.2　现实意义 …………………………………………………………………… 003
　1.3　相关概念解析 ………………………………………………………………… 003
　　1.3.1　城市低收入群体概念及内涵 ……………………………………………… 003
　　1.3.2　时空行为 …………………………………………………………………… 006
　　1.3.3　社会空间 …………………………………………………………………… 007
　　1.3.4　社会空间分异 ……………………………………………………………… 009
　1.4　国内外相关研究综述 ………………………………………………………… 010
　　1.4.1　国外相关研究进展 ………………………………………………………… 010
　　1.4.2　国内相关研究进展 ………………………………………………………… 014
　　1.4.3　国内外相关研究评述 ……………………………………………………… 018
　1.5　研究目的、研究内容和研究方法 …………………………………………… 020
　　1.5.1　研究目的 …………………………………………………………………… 020
　　1.5.2　研究内容 …………………………………………………………………… 020
　　1.5.3　研究方法 …………………………………………………………………… 021
　1.6　技术路线和研究框架 ………………………………………………………… 022
　　1.6.1　技术路线 …………………………………………………………………… 022
　　1.6.2　研究框架 …………………………………………………………………… 022

第2章　相关理论基础和框架构建 …………………………………………… 025
　2.1　社会空间分异理论 …………………………………………………………… 025
　　2.1.1　社会分层理论 ……………………………………………………………… 025
　　2.1.2　中国低收入群体所在社会阶层及资源占有 ……………………………… 026

2.1.3　社会分层和社会空间分异 ·· 027
　　　2.1.4　社会空间分异理论启示和小结 ······································ 027
　2.2　社会排斥理论 ··· 029
　　　2.2.1　社会排斥理论内涵 ·· 029
　　　2.2.2　社会排斥和贫困 ·· 030
　　　2.2.3　个体可达性和社会排斥 ·· 031
　　　2.2.4　社会排斥和社会空间分异联系 ······································ 034
　　　2.2.5　社会排斥理论启示和小结 ·· 035
　2.3　时空行为方法论 ··· 035
　　　2.3.1　行为地理学理论 ·· 035
　　　2.3.2　时间地理学理论 ·· 036
　　　2.3.3　活动分析法 ·· 037
　　　2.3.4　时空行为方法论启示和小结 ··· 038
　2.4　活动空间理论 ··· 038
　　　2.4.1　活动空间的概念 ·· 039
　　　2.4.2　活动空间分异理论 ·· 039
　　　2.4.3　活动空间的刻画 ·· 041
　　　2.4.4　基于活动空间的个体可达性测度 ··································· 042
　　　2.4.5　活动空间理论启示和小结 ·· 042
　2.5　理论框架构建 ··· 043

第3章　研究设计和基本概况 ·· 045

　3.1　案例城市选取及概况 ··· 045
　　　3.1.1　案例城市选取 ·· 045
　　　3.1.2　南京低收入群体居住空间发展及启示 ··························· 045
　3.2　研究设计 ··· 049
　　　3.2.1　调研方案 ·· 049
　　　3.2.2　研究范围 ·· 050
　　　3.2.3　调研社区选取 ·· 050
　　　3.2.4　问卷设计 ·· 052
　　　3.2.5　低收入时空活动数据库的建立 ······································ 054
　3.3　样本基本概况 ··· 055
　　　3.3.1　社会经济属性 ·· 055
　　　3.3.2　社会分层特征 ·· 060
　3.4　本章小结 ··· 062

第4章 低收入居民日常活动时空特征 ··· 063
4.1 低收入群体日常活动的时间特征 ··· 063
4.1.1 基于地理空间的日常活动的时间节奏特征 ··· 063
4.1.2 基于汇总统计的活动时间分析 ··· 064
4.1.3 不同收入群体日常活动时间分配对比 ··· 069
4.2 不同收入居民日常活动的空间特征对比 ··· 072
4.2.1 不同收入居民日常活动在城市空间上的分布特征 ··· 072
4.2.2 不同收入群体非在家活动的时空特征 ··· 076
4.3 城市低收入群体移动性特征 ··· 077
4.3.1 日常活动总体出行特征 ··· 077
4.3.2 城市低收入群体通勤特征 ··· 082
4.4 本章小结 ··· 084

第5章 低收入居民城市空间利用和社会空间分异研究 ··· 085
5.1 研究思路和方法 ··· 085
5.1.1 活动空间特征指标构建 ··· 085
5.1.2 城市空间利用方法构建 ··· 086
5.1.3 影响因素分析方法 ··· 087
5.2 不同收入居民的活动空间特征 ··· 088
5.2.1 总体层面活动空间特征 ··· 088
5.2.2 社区层面活动空间特征 ··· 089
5.3 基于城市空间利用的社会空间分异 ··· 092
5.3.1 不同城市空间利用 ··· 092
5.3.2 不同活动时间分配和城市空间的关系 ··· 094
5.3.3 不同活动离家距离和城市空间的关系 ··· 096
5.4 不同收入居民利用城市空间的影响因素分析 ··· 098
5.4.1 模型构建及变量筛选 ··· 098
5.4.2 逻辑回归模型结果及分析 ··· 099
5.5 本章小结 ··· 102

第6章 低收入居民公共服务设施可达性和社会排斥研究 ··· 103
6.1 研究思路和数据来源 ··· 103
6.1.1 研究思路 ··· 103
6.1.2 数据来源 ··· 104
6.2 社区周边公共服务设施概况 ··· 106
6.2.1 老城传统邻里周边主要公共服务设施概况 ··· 106
6.2.2 内城衰退单位社区周边主要公共服务设施概况 ··· 107

6.2.3 郊区大型保障房社区周边主要公共服务设施概况 ·········· 110
6.3 基于活动空间的设施可达性评估方法构建 ·········· 113
  6.3.1 设施重要程度评估 ·········· 113
  6.3.2 构建基于个体活动空间的公共服务设施可达性计算方法 ·········· 116
6.4 基于活动空间的低收入设施可达性分析 ·········· 117
  6.4.1 总体层面的公共服务设施可达性 ·········· 117
  6.4.2 社区层面的公共服务设施可达性 ·········· 118
6.5 影响因素分析 ·········· 123
  6.5.1 模型构建及变量解释 ·········· 123
  6.5.2 影响因素分析 ·········· 125
6.6 本章小结 ·········· 127

第7章 低收入居民活动空间形成机制及发展策略 ·········· 129
7.1 低收入居民活动空间和社会空间形成机制 ·········· 129
  7.1.1 宏观层面 ·········· 129
  7.1.2 中观层面 ·········· 132
  7.1.3 微观层面 ·········· 135
7.2 低收入居民社会空间发展面临的问题 ·········· 137
  7.2.1 日常活动空间单调狭窄且高度依赖本地空间，易被孤立和社会隔离 ·········· 137
  7.2.2 可达性和机动性的低下造成低收入者就业机会不足 ·········· 139
  7.2.3 公共服务设施可达性差，遭受多重社会剥夺 ·········· 140
7.3 提升低收入居民社会空间发展的策略 ·········· 140
  7.3.1 在城市更新过程中保证居住弱势居民获得充分居住选择权 ·········· 140
  7.3.2 以开放与共享的公共空间促进社区融合 ·········· 141
  7.3.3 提高低收入居民的机动性和设施可达性 ·········· 142

第8章 结论与讨论 ·········· 143
8.1 主要结论 ·········· 143
  8.1.1 社会调查相关结论 ·········· 143
  8.1.2 不同收入居民日常活动的时空特征 ·········· 143
  8.1.3 活动空间分异特征 ·········· 144
  8.1.4 基于活动空间的社会排斥特征 ·········· 145
8.2 主要创新点 ·········· 145
8.3 不足与展望 ·········· 147

参考文献 ·········· 148
彩图附录 ·········· 161

第1章 绪　　论

当前城市居民的移动性大大增强,其社会空间研究相较以往更加复杂,如何更加全面分析低收入群体在社会生活中的时空需求,是关乎城市公平和社会正义的重要命题。本章立足当前社会背景,从概念梳理出发,对国内外相关研究进行综述,提出本书的研究思路、研究方法、研究内容等。

1.1　研究背景

1.1.1　中国城市社会空间发展进入快速转型阶段

20世纪90年代以后,随着市场经济体制改革和现代化进程朝纵深方向推进,中国城市空间和社会结构发生剧烈变化。一方面,经济的快速发展推动了城市空间建设,中国城市化水平从1978年的17.9%快速增长到2018年的59.58%,城市空间发生了一些新的变化,如城市中心绅士化、城市用地蔓延、居住空间郊区化等,这些变化促进了城市居民日常生活方式的多样化。另一方面,中国自2001年加入世界贸易组织之后,快速的全球化进程冲击着原有的社会结构,新的空间和机会中成长出来的新的社会组织和职业群体参与利益再分配,原有利益群体和利益分配格局产生分化和重组。这个过程中弱势群体的权益受损,他们在住房、就业、社会活动参与等多方面处于劣势地位(孙立平,2004)。在人本主义影响下,当前中国经济社会发展开始进入"以人为本"的新型城镇化发展阶段,社会总体发展目标由经济优先转向经济、社会、环境协调发展,传统的基于土地的、静态的、蓝图式的城市规划亟待与时空间行为研究相结合,从而转向基于人的、动态的、精细化的规划(顾朝林,2002)。

1.1.2　关注低收入群体的生活质量是全面建设小康社会的必然要求

2019年国内GDP的总量达到了99.1万亿元,人均GDP已经突破一万美元,中国成为仅次于美国的第二大经济实体,居民生活水平有了很大提高。但与此同时,社会贫富差距持续扩大,城市贫困问题严重,国内社会经济发展不平衡问题越加凸显。世界银行估算1980年中国的基尼系数是0.33(沈立人,2005),20世纪90年代,官方统计多在0.4以下。2000年后,中国的基尼系数持续超过国际社会公认的贫富警戒线0.4(图1-1),但中国居民收入分化明显,收入不平等现象严重,低收入群体在国家经济快速增长的进程中并没有公平地享受到社会进步的成果。

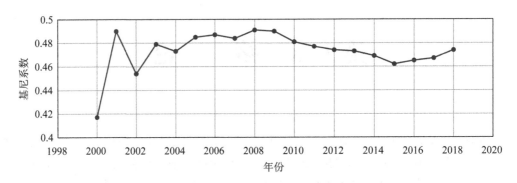

图1-1　2000年以来中国基尼系数变化

* 资料来源：中华人民共和国中央人民政府网

十九大报告指出，2020年是全面建成小康社会的决胜时期，"全面小康"相比总体小康，不仅是从低水平的小康扩大和调整到相对平衡、相对全面的小康，还意味着全国每个地方、每个人都不能落下。十九大报告还强调要坚持在发展中保障和改善民生，并明确指出增进民生福祉是发展的根本目的，必须多谋民生之利、多解民生之忧，在发展中补齐民生短板、促进社会公平正义，在弱有所扶上不断取得新进展，深入开展脱贫攻坚，保证全体人民在共建共享发展中有更多获得感，不断促进人的全面发展、全体人民共同富裕。这里"弱有所扶"中的"弱"广义上涵盖了社会中各类处于生活窘迫和发展困境的群体。社会的公平正义涉及个体在利用社会资源时的分配问题，关系居民尤其是弱势群体的生活质量和生活满意度，是改善民生、维持社会可持续发展、推进全面建设小康社会的必然要求。国家政府的高度重视和积极举措，为社会各界广泛开展低收入人群居住、交通、日常生活等问题的理论、实证和政策研究提供有力支持。

1.1.3　基于个体行为的低收入生活空间研究是贫困空间研究的新视角

传统贫困空间研究主要集中于低收入人群的居住空间（袁媛等，2006；吴缚龙，2007；宋伟轩等，2010），这些研究围绕贫困社区的发展历史、空间演变、社会实效、住区发展策略等展开多角度的探讨。在当前城市处于社会转型的背景下，中国城市贫困群体从绝对贫困群体转为相对贫困群体，并促生了"新城市贫困阶层"（袁媛等，2006；刘玉亭，2005），城市贫困问题具有更多复杂性（申悦等，2018；柴彦威，2014；钟炜菁等，2018）。个体日常活动行为的时空特征反映其对城市空间利用的时空需求，是测度居民可达性与移动性的基本指标，也是衡量社会空间分异、社会排斥、社会剥夺的新维度。我国时空行为研究经过二十余年的发展，目前已经发展出以时间地理学、行为主义方法论、活动分析法为核心的微观个体行为研究的方法论，为个体时空行为和城市空间结构的交叉分析研究提供新思路（Atkinson et al., 2004；Lee et al., 2011；Wang et al., 2012；Wang et al., 2020）。

1.2 研究意义

1.2.1 理论意义

为微观个体层面的社会空间分异研究提供分析框架和实证补充。在以人为本的发展理念下,中国城市规划思想由强调物质规划、追求经济增长向更关注人的需要、发挥更大社会效益转变。为了满足多样化和差异化的居民生活需求,提高全体居民的生活质量,政府和学界越来越关注不同个体及社会群体日常生活的时空需求,城市空间的研究视角逐渐从宏观转向微观,基于个体时空行为视角的城市空间研究已经成为当前城市规划学和地理学的研究热点。目前国内已有学者针对不同城市、社会群体、活动类型等开展大量实证研究,这些研究主要聚焦个体的时空行为特征,但是对行为主体和城市空间之间的互动关系关注较少。本书基于多学科理论和方法论构建了时空行为下的低收入群体社会空间分异研究框架,深入探究低收入群体日常生活的时空活动特征及其和城市空间的互动关联,判断其日常活动的时空需求是否得到满足,为微观视角下的低收入群体社会空间分异研究提供方法和实证上的补充。

1.2.2 现实意义

为城市公共政策制定提供理论依据。城市低收入群体是破解城市发展"短板"、保障和改善民生、促进社会经济均衡发展的关键所在,居民日常活动空间和城市日常活动系统是人类空间行为研究的重要内容。通过对低收入群体日常出行特征的研究及对其城市空间时空需求的分析,可以了解其行为空间形成机制及其与实体空间的相互关系,判断空间均衡性是否满足低收入居民日常出行活动所需,为相关规划指标制定提供参考,同时研究结论可为公平正义的城市公共政策提供理论支持。本书对实现公平配置城市公共资源和提高居民生活质量有着重要现实意义。

1.3 相关概念解析

1.3.1 城市低收入群体概念及内涵

1)"城市低收入群体"的概念

"城市低收入群体"是个相对概念,普遍存在于任何时期、任何地方,无论一个国家或者地区富裕程度如何,总会有一部分人口处于收入相对较低的状态(谢勇,2006)。由于"贫困"概念的相对性及内涵的广泛性,学界对其定义也不尽相同。著名贫困问题专家阿马蒂亚·森等(2005)认为贫困是缺少"获取和享有正常生活能力"的社会群体;童星和林闽钢(1994)认为贫困是经济、社会、文化的全面落后,是由低收入造成的缺少生活所需的基本物质和服务以及没有发展机会和手段的一种生活状况。王侠(2004)从社会学及经济学角度,将"低收入群体"定义为一个在社会性资源上具有经济利益的贫困性、生活质量上的低层次性、社会承受能力的脆弱性的特殊社会群体。可以看出,尽管表述不同,但是以上研究都强调了在特定社会背景下,部分社会群体由于经济能力不足造成其基本生活水平低下和社会权利缺失的状态。

结合以往研究,本书将低收入群体定义为在我国特定转型社会背景下,由于收入和社会地位的相对低下,在一定程度上被剥夺正常获取生活资料、享受社会资源、参与社会经济活动的权利的社会群体。

2) 低收入群体的基本特征

低收入群体的属性特征主要表现在个人特征、就业状况、生活情况和家庭特征等四个方面(王侠,2004;王培暄,1998)。

① 个人特征:低收入群体大多受教育水平程度偏低,收入水平低下,其构成主要有下岗及失业人员、外地进城务工者、在职或老年化(退休)低收入者,以及孤、寡、病、残等特殊人员等。

② 就业状况:城市低收入群体中,下岗失业人员占相当比重,从业人员中"非正规就业"相对较多。在行业分布上,城市低收入群体主要从事收入水平相对较低的行业,如制造业、批发零售贸易、餐饮业、社会服务业、建筑业等。

③ 生活情况:城市低收入群体由于收入低,其消费水平普遍较低,生活质量较差。

④ 家庭特征:低收入家庭的收入与全体居民的平均收入差距在不断加大,有些居民处于绝对贫困状况,需要靠政府救济才能生存。家庭应对风险能力低,如遇子女上学、疾病、天灾人祸等,家庭会陷入贫困境地。

3) 低收入群体的产生原因

早期研究认为贫困主要和家庭人口多、就业面小、赡养负担重、个人受教育水平低、就业技能差等有关(陈端计,1999)。这种早期的分析试图用一种单线因果决定关系来解释复杂的社会经济问题,随着对城市贫困问题理解的加深,以及对社会转型背景的综合研究的逐渐增多,一些宏观社会因素被认为是造成城市贫困的主要因素,主要有经济结构调整、收入分配不平等和差距增大、社会保障制度改革迟滞等。

① 经济结构调整

计划经济时期,国家实行充分就业政策,城市居民生活被纳入国家保险体系,国家提供包括住房、教育、医疗等在内的广泛社会福利。在这种生产型社会下,社会经济水平均质低下,大部分家庭都能获得较稳定的经济收入,贫富差距很小,城市贫困并不是一个突出的问题。市场化改革以后,政府开始尝试以农业改革推动商业、工业和服务业的改革,以非国有制经济促进国有经济调整,早期的市场化改革带来的经济增长使得全体居民普遍受益。随着经济结构调整和体制改革,市场经济促使劳动效率提高和效益最大化,一些历史包袱沉重的国有或集体企业越来越不能适应市场竞争的需求,到 20 世纪 90 年代,国家财政无法继续承担大部分国有企业的亏损和补贴,针对国有企业的"整、改、停"政策开始出台,中国经济体制改革进入实质性阶段。大规模国有企业开始改组和调整,直接导致大量职工下岗失业并陷入贫困。经济结构的调整成为导致城市贫困的直接原因。

② 收入分配不平等和差距增大

经济体制改革的结果是生产效率的提高和收入的大幅度增加。这个过程中,收入分配并非都是合理的,尤其是经济运行双轨制中,对经济和社会资源的不合理占用、社会再分配制度的不完善等,引发居民收入分配的不平等,居民生活水平差异显著(袁媛等,2006)。

③ 社会保障制度改革迟滞

计划经济体制下,劳动者的居住、养老、就医等社会保障和所有制联系在一起,国有单位的员工享有较全面的社会保障。改革开放以后,中国的社会保障制度虽然有了相应调整,但是尚不能跟上经济改革的步伐,全面统一的社会保障制度还没有完全建立,社会保障政策存在覆盖面窄、保障项目不全等问题,很多实际贫困家庭被排除在保障体系之外,难以均等享受或全面享受经济补助。即便是获得补助的贫困家庭,也会因为社会救济和困难补助标准过低,生活质量仍然维持在一个较低的水平,这使得"保障"失去原有的意义。此外,二元社会结构和保障制度、户籍管理制度的不平等导致城市流动人口外出务工时不能享有与当地户籍人口同等的权利,相当数量的城市流动人口面临相对贫困和被社会排斥的状况。

4) 低收入群体的划分标准

以往研究在界定"城市贫困群体"时主要有以下三种标准:

① 客观绝对贫困标准:即客观上来说部分居民由于经济条件低下而难以维持自身基本的生活状态,实际操作中会确定一个绝对数作为衡量低收入群体的标准。主要方法有以下几种。恩格尔系数法,即饮食开支占家庭消费总支出的百分比,一般将恩格尔系数的50%~60%设定为某地区的贫困线;国际贫困线标准法,由经合组织提出,即将一个国家或者地区平均收入或中位收入的50%~60%作为该国家或地区的贫困线,各个国家根据其经济发展水平、生活水平等会取不同的比例,如美国、加拿大和日本将社会平均收入的40%作为贫困线;菜篮子法,也称必需品法,即将一个人在市场购买必需的生活物资所支付的最低金额作为该地区的贫困线;低保线法,一般由当地政府根据辖区经济发展水平和居民生活水平的最低标准确定,由于经济发展水平的差异,不同地区低保线划定标准不同且差异较大,但是低保线标准匹配当地实际情况且便于统计,目前是我国学界区分低收入群体的常用方法之一。

② 客观相对贫困标准:即从事实上看,收入虽然能维持基本生存所需,但是和其他居民相比仍然处于较低生活水平的城市居民。在城市贫困研究中,这种贫困表现的是一种"富裕中的贫困",即相对贫困(relative poverty),常用的划分方法有"五等分法""七等分法"等。我国国家统计局在划分不同收入群体时,一般先将居民的收入从高到低排列,收入处于最低的居民被定义为低收入群体。如"五等分法",国家统计局采用"五等分欧希玛指数"法将人口分成五等份,分别算出每等份人口层的收入在全部收入中所占的比重,其

中包含20%的高收入户、20%的较高收入户、20%的中间收入户、20%的较低收入户以及20%的低收入户（李静，2009）。

③ 主观贫困标准：20世纪70年代以后，理论界开始对"居民自我感觉生活需求不足"的主体感知贫困进行测量，常用的方法有主观最小收入法和主观消费定义法，其共同点都是通过社会调查，询问居民目前的生活水平是否满足其基本所需。国内主观贫困的研究成果较少，一些研究认为，客观绝对贫困和主观贫困（被剥夺感）不匹配，下岗失业群体和福利房居民的主观贫困明显高于进城务工人员（何深静等，2010）。

5）本书"城市低收入群体"的界定标准

尽管国内学界在界定"城市低收入群体"时有多种视角，但是从概念的内涵来说，"城市低收入群体"体现了绝对性和相对性的统一，其基本特征存在明显的共性，如收入低下、受教育水平偏低、消费水平低、生活质量差、生活满意度低等。由于主观贫困更多的是考察实际贫困和个体感知之间的匹配度，在实际测度时容易受个体偏好等不确定因素影响，因此，本书在识别低收入群体时主要考虑"客观绝对标准"和"客观相对标准"这两个相对稳定的衡量标准。

在实际操作中，综合参考案例城市的低保线标准及划定依据、国际通行的贫困线划分方法、相关文献的划定标准，以及实地调研获得的数据的属性特征等，划定适合本书的"标准贫困线"——2 000元（分析详见第三章）。具体而言，家庭人均可支配收入低于或等于2 000元/月的被调查者被认为是低收入者，人均可支配收入高于2 000元/月的被调查者则被认为是非低收入者（即中高收入者）。因此，本书中的"低收入群体"既包括城市户籍低收入人员，又包括非城市户籍的外来务工、新就业人员以及其他低收入人员。

1.3.2 时空行为

1）"时空行为"的概念及内涵

"行为"的概念有狭义和广义之分：狭义的行为特指可以被非行为主体客观观察到的一切外显活动；广义的行为除包括上述外，还包括能够通过间接推知行为主体自我描述的内在心理、意识和潜意识等隐性行为。外显行为具有客观性，可以被直接观察到，而隐性行为通常只有行为主体可以感知并进行描述，主观性较强。由于研究者对隐性行为的特征难以直接量化评估，因此，本书涉及的居民"行为"是一种客观发生的、可被观察到的显性行为。

时空行为是指在一定时间和空间内进行的日常活动，在这里，迁居、工作、购物、娱乐等各种活动被称为行为，不从事任何活动的短暂和较长时间的停留也被称为行为。时间地理学关注"各种制约下人的行为时空特征"，个体日常活动是在各种客观条件约束下开展的。（柴彦威，2014）。时空行为从一般性的角度出发，将个体置于整个城市空间的大环境中，以微观视角分析空间中某种共性行为的分布规律及其影响因素。承载行为的空间被称为"行为空间"，行为空间是从微观个体出发，将人作为研究对象，通过归纳人们的行为特征模拟类似空间里的个体行为模式。行为空间是个体时空行为研究的重要内容。

可以看出,时空行为和行为空间以一种微观的研究视角,强调个体的特殊性及其所受的制约,个体行为的时空特征反映了其对城市空间利用的时空需求,是测度该群体可达性与移动性的基本指标,也是衡量社会排斥、社会剥夺、居住隔离的新维度(Atkinson et al., 2004; Lee et al., 2011; Wang et al., 2012; Zhou et al., 2015)。

综上,本书中的时空行为是指居民在日常生活中客观发生的、可被观察到的显性行为,这些行为受到各种制约,如时间、空间、个人能力、社会资源配置等。时空行为必须发生在一定的城市空间中,且行为空间研究主体是以个体为主要观察对象的。因此,本书所指的"基于时空行为",主要有三方面内涵:① 个体的"时空行为";② 承载"时空行为"的行为空间,以及行为和空间两者之间的交互关系;③ 指向一种微观的、个体的研究视角。

2) 活动类型

活动类型反映居民的活动动机及其对城市地理空间的利用。时空行为的微观过程研究和非汇总方法应用的重要定量依据是微观个体行为的时空活动数据,其中活动属性的核心是活动类型的分类,其反映了被调查者的活动动机,常被用来区分不同活动的研究意义(柴彦威等,2009)。学者基于对活动动机的不同理解,形成了多种活动类型的划分方法:Chapin(1974)在美国华盛顿大都市区的日志调查中把睡眠、食物、住所和健康等需求划分为生存性需求(subsistence need),人们需要通过工作、身体锻炼、教育、医药护理和社会服务等活动实现对其的满足。此外,还存在文化层次、社会层次和个人层次的需求,包括感情、社会交际、安全感、成就感、精神激励和个人愉悦等,为满足这一层面的需求则需要社交活动,参加志愿组织和宗教组织等。Doherty 和 Miller(2000)把活动分成基础需求(basic needs)、工作学习(work/school)、家庭义务(household obligations)、服务(services)、孩子相关(just for kids)、购物(shopping)、休闲(recreation/entertainment)、社交(social)、其他(other)等九大类,其下又分为更细致的 64 小类以满足计算机分析家庭活动的精度要求。

国内比较常用的活动类型分类主要有两种,一种是按照活动时间的弹性将活动分为三类:强制性活动(mandatory activities),包括工作、学习等;维护性活动(maintenance activities),包括睡眠、家务、饮食购物、照看老人孩子、个人护理、电话联系等;可自由支配活动(discretionary activities),包括体育锻炼、休闲活动、社交活动、网上冲浪等。另一种则是按照活动目的分类,常见的有"三分法""五分法""七分法"。以"七分法"为例,即是将活动分为睡眠、私事、工作、家务、购物、移动和娱乐等七类(兰宗敏等,2010)。在实际研究中,学者往往会在大分类的基础上又进一步细分若干小类,以便于进行更精细的分析。以往研究中的活动类型的分类为本书的时空出行数据的编码提供了理论依据。

1.3.3 社会空间

1) "社会空间"概念

"社会空间"(social space)一词最早是由法国社会学家涂尔干(Emile Durkheim)在 19 世纪末提出的,经过一个多世纪的发展,目前已经广泛出现在社会学、城市规划学、哲学、地理学等领域的著作中。"社会空间"内涵复杂,学者基于不同的学科背景对"社会空间"的概念进行阐释。概括来说,主要有以下几种:

① 社会群体居住和生活的地域空间

作为地域的社会空间是地理学界分析社会空间的主要视角之一。这一观点认为具有相同收入、种族和家庭背景的社会群体往往居住和生活在一起,不同的社会群体会居住在城市不同的地理空间。Bjorklund(1986)认为个人由于在社会上所处的地位和位置不同而处于不同的城市空间,并构成不同的场所,这些"场所"的集合被称为社会空间。许学强等(1989,1997)认为城市社会空间的分析对象只是城市中有人居住的地方,而不包括无人居住的工业区、仓库区等,社会空间按照其单位大小可以划分为家庭、邻里、社区、城市和国家。张鸿雁(2005)将社会空间划分为物质空间和非物质空间,前者由建筑空间、道路空间等组成,后者则为社会活动和社会现象占据的空间,如居住空间、公共空间等。刘玉亭等(2006)认为社会空间有广义和狭义之分,广义的社会空间是指由社会的生产、构筑物等组成的具体可视的地理空间,这些社会物质、社会关系、实体空间共同构成社会空间;狭义的社会空间是指被特定社会集团生活场所占领的地理空间。顾朝林(2002)认为泛指的社会空间包括一切人类感知或体验的空间,特指的社会空间是指具有相同社会经济属性、宗族种族或者行为心理的社会群体所占有的空间。

② 个人在空间中的社会网络、组织关系或主观感受

这一观点认为,社会空间是个人通过朋友、亲人、媒体等社会关系所构建的空间区域,社会空间不是具有同质特性的区域,而是由不同的社会关系构成的。例如,Claval(1984)认为社会空间不是解释无差异的群体,而是解释社会的交往架构,人们在争夺财富、权力、名望的过程中建立了一套复杂的社会组织关系系统,个体的社会空间就是他们所融入的社会网络。在这一观点下,社会空间由有边界的地域空间演变为无边界或边界模糊的关系空间。随着"新哈佛学派"的兴起,基于测量联结度、中心性、邻近度等网络特征的社会网络思想为理解社会空间提供了新思路(林聚任,2009;曾文等,2015)。

③ 个人在社会中所处的抽象位置

这个观点最早出现于20世纪20年代社会学领域(雷金纳德·戈列奇等,2013),"社会空间"被用于识别群体之间或其他被选作参照点的社会现象之间的关系。这一观点下,社会空间被定义为一种坐标系统,横坐标表示群体参与,纵坐标表示群体的身份和角色。在社会空间坐标系统里,每个人的社会地位都可以被抽象成坐标系上的一个点并被标示出来。社会学家借助这一抽象系统来描述社会结构特征的价值与关系(王效容,2016)。

④ 人类实践活动生成的区域空间

马克思主义学者从劳动实践出发,认为社会空间是社会群体或阶级生活的区域。列斐伏尔提出"(社会)空间是社会的产物",认为社会空间是由人类的劳动实践活动生成的生存区域,他将资本主义生产过程解释为不断突破地理空间的束缚而实现空间自我生产的过程(曾文等,2015)。Soja(1980)认为,在人类社会空间实践的过程中存在一个连续双向的过程,即人类在创造和改变空间的同时又被其生活的空间以各种方式限制和改变。

Johnston(1986)认为社会空间是指"社会群体使用并感知的空间"。卡斯特(2003)认为"空间是社会的表现",甚至认为"空间就是社会,其形式和过程由整体社会结构的动态演进所塑造"。

马克思主义学派对社会空间的理解是广义上的,该学派将社会空间泛指为人类活动产物的空间,并且认为"社会和空间是辩证统一的关系",社会和空间构成社会空间的两面。一方面,空间中包括不同利益的社会行动者之间的矛盾,空间影响社会结构;另一方面,社会过程通过作用于既有的社会空间结构所创造的环境,反过来也会影响空间。

2) 本书"社会空间"概念及内涵界定

可以看出,不同学科领域对社会空间的概念诠释的侧重点不同,地理学、城市规划学的研究更加注重社会群体的居住和生活的地域空间,社会学偏重考虑人与人之间交往形成的社会网络空间,马克思主义学者则认为社会空间是由人类劳动实践活动生成的生存区域,强调社会和空间的辩证统一关系。就研究视角而言,学者大多或基于地域空间,或基于社会交往的网络空间进行社会空间研究(Li et al.,2017)。

本书对社会空间的理解仍然沿用和城市空间紧密结合的地域空间的视角。由于现在人们的生活和生产空间趋于个性化和多样化,因此居民生活生产的实践区域已经不仅包括居住空间,还包括工作、购物、休闲等其他生产生活活动空间。因此本书所关注的社会空间包括个体日常生产和生活实践的所有区域,不仅包括社会群体在地理空间占领的位置(即居住空间),还包括社会群体感知和利用的空间(包括购物空间、娱乐空间、就业空间等)。同时,本书认同社会空间是辩证统一体的观点,认为社会空间是社会与空间辩证统一的整体,社会过程在空间中展开,空间在社会过程中改变,两者相辅相成,共同构成人类社会的功能系统。

1.3.4 社会空间分异

1) 分异和隔离

分异(differentiation)和隔离(segregation)是一对常用于形容社会空间的词语,如sociospatial segregation,sociospatial differentiation 等。有关隔离的研究最早源于欧美国家对少数族裔居住隔离现象的关注(Massey et al.,1988)。Blau(1977)认为"如果少数族裔在一个自由空间的分布是不均匀的,那么可以认为该少数族裔被隔离了"。Massey和Denton(1988)认为(居住)隔离是指两个或两个以上群体在城市环境的不同地区彼此分开居住的程度。隔离意味着不同社会阶层的扩大,处于不同社会地位的阶层(尤其是处于社会两端的团体或集团)彼此互不接触,并形成居住空间的分离和社交网络的断裂(杨上广,2006)。"分异"是由一到多,由简单到复杂,由同类到异类的发展过程,这个过程中,社会组织、社会文化或其任何部分会变得更加复杂(吴启焰,2001)。

虽然"隔离"和"分异"的结果都是不同社会群体彼此分离,但是"隔离"表达了更加强烈的冲突,强调因社会空间不平等导致的结果;"分异"则强调一种由同质到异质,结构功能由简单到复杂的过程(杨永亮,2013),分异的一种极端表现和结果就是隔离。

2) 社会空间分异

社会空间分异是一个包含社会、空间、时间等多维度的概念,不同领域对社会空间分异概念解释的侧重点不同:社会学领域认为社会空间分异是指不同社会群体之间缺少接触;地理学领域则关注不同社会群体在地理空间上不平等的分布(Järv et al.,2015);城市规划领域认为社会空间分异是指城市社会要素在城市空间上的不均衡分布(冯健等,2007),其概念内涵强调不同社会群体占据的空间在物质和功能上的分离,认为社会空间分异这个过程既包括有形的物理方面(physical aspect),如不同社会群体居住在不同的城市区域,又包括无形方面(invisible aspect),如不同社会群体的社会身份等。

在西方的经典理论研究中,以芝加哥学派为代表的生态学派提出"侵入和演替""过滤说""多核心结构"等假说,并归纳出同心圆模式、扇形辐射模式、多核心模式等理想城市空间结构模型,以解释城市空间的一段发展规律。在方法论上,目前已经形成基于人口普查数据,利用社会区分析或因子生态分析等计量方法,试图解释不同社会群体聚居空间的形成过程和"马赛克"式的社会空间结构的经典研究范式(Knox et al.,2000)。

可见,传统社会空间分异研究更多关注的是个体的居住空间。随着城市经济的快速发展,个体的生活和生产空间趋于个性化和多样化,个体的社会实践只有部分发生在居住空间,还有更多社会生活发生在城市其他类型空间。因此,本书的"社会空间分异"是指原本属于同一群体的个体由于不断增大的社会经济属性差异而产生了更大的社会距离,从而从原本群体中不断分开或异化的过程。在这一过程中,位处不同社会位置的阶层在居住、购物、休闲等活动空间上彼此之间可能处于相互分离的状态。

1.4 国内外相关研究综述

1.4.1 国外相关研究进展

1) 国外时空行为研究概况

时空行为研究始于20世纪60年代的瑞典,在经济高度发达和社会日益成熟的大背景下,瑞典政府将社会发展目标转向追求所有居民生活质量的提高,体现在区域规划和发展政策上就是要注重个体日常活动的时空需求,公平合理地分配社会资源(Hägerstrand,1970)。20世纪70年代,时空行为研究的理论和实践有了快速发展:一方面,时间地理学理论趋于成熟,在时间地理学理论体系中,社会被理解为区域个体的时空路径及其关联所构成的网络,社会的生产和再生产一直存在于人们的日常生活实践中。在理论发展上,最具代表的是Giddens(1984)的社会结构二重性理论,他将时间地理学的个体论、时间观等和结构化理论结合,辩证地看待个人日常行为和社会结构的关系,认为个人行为以社会结构为条件,而个人行为的结果又使社会结构再生产,并把这种再生产的过程称之为结构化。另一方面,理论和实践的结合开始增多,西方学界开始基于个体时空行为的分析结论来指导交通规划和设施布局。如Lenntorp(1977)开发了Program Evaluating the Set of

Alternative Sample Paths(PESASP)交通规划方案模拟系统,该系统基于居民日常通勤时间、固定活动(如工作、接送孩子等日常行为)的时空特征,通过在计算机中反复模拟活动的时空路径,以获得更公平的设施布局方案。20世纪80年代,时空行为研究的重点开始转向人类内心世界(情感、观点、意义等)及其对人类生活的影响,并增加了很多对社会生活现状本身的思考(Hägerstrand,1984)。

在时间地理学的理论框架下,西方学者利用快速发展的计算机技术对人类时空行为的模拟进行了很多方法上的探索。例如,Miller(1991)利用GIS技术实现时空棱镜概念推导的可视化;Kwan(1998)首次在GIS中实现对个体可达性的测度,同时还通过实证研究说明基于时空行为的可达性测度比传统基于地理位置的可达性测度方法更能捕捉不同社会群体可达性的差异。此后,Kwan(1999)在GIS平台中对居民非工作的离家活动进行了三维可视化分析,从个体层面捕捉男性和女性工作活动的差异性;Shaw(2000)基于GIS环境开发了时空可视化的软件平台。这些探索性研究不仅大大丰富了时空行为的研究方法,而且为利用计算机实现居民行为模拟提供了技术保证。

20世纪90年代以后,时空行为研究在数据获取、模型计算和可视化模拟等技术和方法层面都有了明显突破。一方面,在研究数据获取上,从传统的邮件留置、面对面问卷调查、电话访谈等,到新型的基于手机信令数据、社交媒体签到、出租车GPS等,数据获取方法越来越先进,数据精确度越来越高,大规模、高精度的多源数据的利用为时空行为研究提供了基础保证。另一方面,计算机处理能力的大大提高和GIS技术的快速发展使得对大规模时空行为数据的计算和模拟成为可能。目前,国内外基于GIS技术平台产生了一大批关于时空行为研究的算法、分析工具、软件平台等研究成果,实现了对人类活动——移动模式的实时跟踪、动态模拟和探索分析。时空行为研究的方法和技术趋于成熟,并朝着精细化和可视化的方向发展。

时空行为研究对个体差异敏感,在解释社会空间公平性问题上尤为有效。目前,国外基于时空行为的研究已经广泛应用于交通行为决策、公共政策评价、服务设施配置等多个方面(Nishii et al.,1992;Dijst,1999;Wang et al.,2017)。例如,Nishii和Kondo(1992)检验了在时空约束下城市轨道通勤者的出行链行为,证明城市居民在下班后非工作活动主要集中在通勤的轨道站点和工作地附近,认为加强轨道交通站点服务水平建设可以提高居民日常生活体验。Dijst(1999)对双职工的日常活动空间特征进行分析,发现提高男性家务参与度和优化公共交通政策可以减少城市环境对职业女性时空行为的消极影响。Kestens等(2010)基于个体的经验活动空间,检验了肥胖发生率和食物暴露之间的关系。Novák和Sýkora(2007)对郊区居民日常活动出行模式进行分析,发现郊区居民就业及其公共服务设施需求都高度依赖都市区中心,在实证层面证明居住郊区化并不意味生活郊区化。

在研究对象上,国外研究尤其关注残障人士、儿童、女性、低收入者及其他容易面临社会空间隔离和社会排斥风险的社会人群。这些研究大多通过对弱势群体日常行为模式和时空制约因素的分析,了解其日常生活的时空需求,为制定公平有效的社会政策提供理论依据(Kwan et al.,2015;Kwan,1999;Casas,2007;Ureta,2008)。

2) 国外社会空间分异研究

国外社会空间分异研究最早可以追溯到20世纪20年代的芝加哥学派,以帕克(Park)、伯吉斯(Burgess)和麦肯齐(Mckenzie)等为代表的芝加哥学派学者,利用人类生态学和城市生态学中的竞争、淘汰、演替和适者生存等理论对城市社会空间的演化和居住空间的分化进行了分析,并建立了城市社会空间结构的三大经典模型:伯吉斯(E. Burgess,1925)的同心圆结构模式、霍伊特(H. Hoyt,1939)的城市扇形模型以及哈里斯和乌尔曼(Harris et al.,1945)的多核心模型,这些经典理论的提出成为城市社会空间分异研究的重要开端(王开泳等,2005;庞瑞秋,2009)。

二战后经济的发展和社会分工的细化带来社会收入的分化,市民的经济和社会地位分层显现,社会空间分化加剧。Shevky等在20世纪40年代末开始关注社会空间分异问题,通过对洛杉矶等城市的研究,发现社会经济地位、家庭、种族是形成不同城市社会区的主要原因。20世纪60年代后,受计量革命的冲击,数量统计方法逐渐被引入城市空间研究,因子分析和聚类分析开始被广泛应用于城市空间结构和分异现象的研究。20世纪70年代初,城市中心区复兴计划和中产阶级返城的绅士化过程使得城市中心区的社会构成更加复杂,分异现象更为突出。城市中出现以民族、种族为单位的居住隔离现象,基于居住地的社会分化明显。一些学者发现居住空间隔离严重的社区往往同时伴生有高失业率、高犯罪率、高离婚率等社会问题(Burgess et al.,2005),大量贫民窟居民处于社会分配链的底端。为此,学者对社会空间隔离的理论进行大量探索,并提出多种算法以确定居住空间隔离程度,如差异性指数(Dissimilarity Index)(Duncan et al.,1955)、D(m)指数(Morgan,1975)等。这些研究聚焦不同社群的居住空间分异和隔离,研究主体以少数族裔为主。随着民权运动的推进,研究对象开始扩大到其他弱势群体,如单身母亲、儿童、低收入者、老年人等。

20世纪90年代以来,城市空间组织的重构与扩张、交通技术与信息通信技术的发展、个人主观能动性的加强,带来居民移动能力的增强和生活方式的多样化(Sheller et al.,2006;Kwan,2013)。越来越多的研究发现,社会空间隔离不仅发生在居住空间,还有可能发生在个体的非居住空间(如就业地、学校、商店等),Atkinson和Flint(2004)将这种非居住空间的隔离现象称为"分离的时空轨迹"(time-space trajectory of segregation)。学者将居住空间和非居住空间的分异现象进行对比,发现两者并不能完全等同。例如,Ellis等(2004)发现在美国本土出生的白人和墨西哥移民中,基于就业地的社会空间隔离程度明显低于基于居住地的社会空间隔离程度;Burgess等(2005)发现少数族裔的孩子在学校里面比他们在所住的社区中更容易遭受排斥和隔离。这些研究说明,非居住空间隔离和居住空间隔离有时会有明显的差异,如果只关注基于居住区的社会空间分异,很容易过高或者过低评估实际的社会空间分异程度(Ellis et al.,2004;Wong et al.,2011;Kwan,2009,2013)。因此,社会群体的社会空间及其分异现象亟须以一个更加动态和全面的角度进行分析(Miller,1991;Wang et al.,2012)。

3) 国外时空间视角下的社会空间分异研究

近二十年来，国外学者基于时空间视角对社会空间分异和社会排斥进行了大量探索(Kwan，1999；Järv et al.，2015)。这些研究主要有两个思路，第一个思路是基于时间地理学的框架，利用活动空间特征来研究不同个体社会空间的差异。例如，Schönfelder 和 Axhausen(2003)尝试利用活动空间的大小来识别更容易遭受社会排斥的社会群体，结果发现个体活动空间大小和社会排斥并无直接关联，但是该研究的讨论部分也指出，其研究结论很可能受研究数据来源的影响，研究结论需要进一步验证。Wang 等(2012)从活动空间的四个维度(强度、广度、多样性、排斥性)来研究不同类型社区居民之间的社会隔离现状。Li 和 Wang(2017)认为隔离是一个动态过程，表现在个人的日常生活习惯中，和个体对城市空间的利用密切相关，并基于社会网络原理构建了基于微观个体的社会隔离测度方法。Zhang 等(2018)基于潜在活动空间和实际活动空间来分析不同社会群体之间的隔离现象。这些研究尝试采用活动空间面积大小、可到达目的地的数量、分配给各种活动的时间等多种指标，归纳不同社会群体的日常活动模式。

第二个思路是考察个体活动空间的社会环境，这类研究大多通过个人在日常生活中所接触到的人的社会构成来分析社会空间隔离现象(Kain，1968)。Krivo 等(2013)认为居住在低收入社区的弱势群体的活动地点往往和与其社会地位类似的居民的活动地点高度重叠，说明低收入群体日常生活空间主要和同阶层居民接触，这增加了其被主流社会排斥的风险。类似地，Jones 和 Pebley(2014)对个人的活动空间和居住空间中交往的人群的社会地位构成进行比较，发现个人活动空间比居住空间更加多样化，但是这些地点仍然具有明显的同阶层特征，即相似的人总是集聚在一起活动。Wang 和 Li(2016)从个体活动空间特征及其在日常生活中接触的社会机会两个方面，评估了公共住房居民和私人住宅居民的活动空间隔离现象。Yip 等(2016)通过智能手机应用程序跟踪个人活动，发现人们倾向于在符合他们社会地位的地方进行活动。这些结论证明，居住空间隔离和个体日常活动空间的隔离虽然不完全一致，但是同阶层社会群体日常活动空间往往存在趋同的特征。

在研究主体上，国外学者常以女性、低收入者、老年人、残疾人等弱势社会群体为对象，观察其在城市资源可达性中遭遇的时空障碍(Kwan，1999；Casas，2007；Zhou et al.，2015)。和主流社会群体相比，弱势群体由于经济地位低下，因此机动性差(Ureta，2008)，往往受到更多时空约束(Kwan，1999)、种族或民族偏见(Krivo et al.，2011；Tan et al.，2017)等，在社会交往和社会资源获取上处于明显劣势地位。此外，居住区位也是影响居民城市空间利用的重要因素，Novák 和 Sýkora(2007)通过对郊区居民日常活动节奏的分析，发现郊区居民的居住地郊区化和生活空间的郊区化并不同步，具体表现是，郊区居民的就业机会和服务获取等严重依赖大都市的核心区。但是也有学者认为，活动空间的特征与其居住社区的建成环境关联性较弱(Weber et al.，2003)。以上研究从多层次、多维度的角度对居民时空活动空间的影响因素进行探讨，认为社会群体时空活动不仅受到个体社会属性的影响，还会受到居住地区位置及外部建成环境等因素的影响。

总体来说,国外时空间视角下的社会空间研究已经积累了较多的成果。从研究内容来看,这些研究或基于个体活动空间的时空特征,或基于个体的时空可达性,来分析不同社会群体在日常活动空间中的分异现象。尽管分析视角不同,但是这些研究大多基于相同的理论假设:人们日常生活中的社会暴露、社会接触或相互作用与个体日常活动空间的社会分异程度密切相关。从研究方法上看,当前研究偏重基于时间地理学和行为地理学的理论对不同社会群体日常活动空间特征进行比较分析,以探究该社会群体是否出现社会空间分异现象,但是这些研究对个体活动空间和城市空间之间的复杂关系关注较少(申悦等,2018)。

1.4.2 国内相关研究进展

1) 国内时空行为研究概况

中国的时空间研究最早可以追溯到 1990 年,杨吾扬教授在《中国大百科全书:地理学》中提及了"时空地理学"的概念。20 世纪 90 年代,柴彦威等对时间地理学的起源、主要概念、理论及应用等内容做了较为详细的介绍(柴彦威等,1997,1999;柴彦威,1998)。此后,国内学者开始在多个城市开展居民日常生活行为调查,并涌现一批有关居民活动出行数据的采集方法、数据库建立和管理、城市居民的时间利用和日常行为的时空特征的研究。2000 年之后,受人本思想影响,城市规划、研究和管理也开始注重个人生活质量和公共服务的需求(薛东前等,2013),时空行为研究理论开始在国内地理学、城市规划学、交通等领域广泛实践和应用。

在研究内容上,国内城市时空行为研究范围较为广泛,学者从社会群体类型,或活动类型出发,对城市居民日常活动时空特征进行总结归纳,了解不同个体、不同社会群体的日常生活时空需求。此外,还有一些研究从活动空间的刻画出发,对不同个体活动空间的特征进行对比分析,从微观角度解释弱势群体社会空间分异、设施可达性、社会排斥等问题。总体上看,在中国城市转型背景下,从时空行为角度解释城市空间和居民行为之间的关系、解释其中隐含的社会公平问题已经成为近二十年以来国内城市规划领域热点问题。

在分析方法上,早期实证研究主要采用统计工具,在汇总层面解读时空行为模式。随着时空行为数据日趋多元化和精细化,学者开始引入西方成熟的时空行为研究方法,并尝试运用结构方程模型、次序 Logit 模型、嵌套 Logit 模型等多种模型解释社会制度、城市建成环境、居民社会经济属性等对个体时空行为的影响。此外,得益于 LBS(Location Based Services,基于位置的服务)数据的可利用和空间信息技术的飞速发展,不少单位还基于出行活动数据的规模和特点开发了数据挖掘程序,大规模个体时空行为数据的二维活动空间刻画和三维时空活动路径可视化分析成为可能,不同尺度时空间下的个体活动规律和活动模式总结变得更加简单易行,时空行为的研究方法趋于复杂化和多样化。

在数据采集上,目前已经逐渐形成以出行活动日志调查、GPS 调查和大规模交通数据为主要支撑的时空行为数据体系。此外,手机信令数据、地图兴趣点、公交车 IC 卡、出租车 GPS 数据等多源数据是时空行为研究数据的有效补充。值得注意的是，尽管以 GPS 为代表的定位跟踪技术的应用使得行为数据在精度和信度上有了显著提升，但是也存在一些不足，例如调查成本高、数据容易缺失、数据处理和清洗对技术要求比较高等。受调查技术、数据生产经费等制约，目前传统的面对面访谈的出行活动日志仍然是获取时空行为数据的有效手段（柴彦威等，2017）。

总体而言，国内早期的城市居民时空行为研究多将城市居民看作是均质群体，以汇总统计分析为主，数据采集较为单一，分析方法较为简单。经过二十余年的发展，中国时空行为的研究视角从宏观转向微观，研究内容从以往现象描述转向机制解释，而且研究议题更加广泛，研究数据更加精细化，并在方法论上形成以时间地理学、行为地理学以及活动分析法为基础的时空行为研究基本框架。

2）国内城市居民日常活动空间研究

城市居民的日常行为主要由上班、家务、娱乐、购物等活动构成，日常活动空间可以认为是容纳各种日常活动发生或者进行的场所的总和，其实质是构成人们日常生活的各种类型活动及社会关系在空间上的投影（章光日，2005）。日常活动空间研究侧重于揭示居民在日常生活中的各种活动（如工作、购物、休闲、就医等）在空间上呈现出的特征和规律，它和城市日常活动系统是人类空间行为研究中的重要内容，直接反映行为空间形成机制、分布特征及其与实体空间的相互关系。其中，居民的日常活动空间是理解个人行为最主要的方面，其研究问题集中体现了行为空间研究中的关键议题（柴彦威等，2008）。国内在居民日常活动空间研究方面已经积累了大量成果，这些研究按照研究视角的不同可以分为两类。

第一类是基于不同活动类型的视角。在不同日常活动中，通勤行为的研究数量最多，研究也较为多样化。学者对保障性住房、传统社区、单位社区和商品房社区等不同社区居民的通勤进行检验和对比分析，发现不同社区居民的通勤时间、通勤方式的选择有明显差异，其职住分离的程度也有显著不同（贾晓朋等，2015；刘志林等，2009）。城市郊区化过程中的居民通勤行为和居民生活质量直接相关，近几年一直是研究的热点。北京、广州的实证研究证明，位于郊区的保障房居民往往通勤距离较长，通勤距离指向中心区，而位于老城区的居民通勤距离大多较短，且在中心区就近就业（张艳等，2011）。塔娜等（2015）对郊区居民汽车的使用情况进行研究，发现机动化对居民活动空间产生深刻影响，活动空间与是否使用小汽车显著相关。孟斌等（2012）对北京郊区两个大型居住区的居住、就业和通勤等方面进行问卷调查，发现通勤时间长是近郊大型居住区居民的共性，但是社区的功能定位和所在区位及道路体系差异，使得不同郊区居住区的通勤行为也存在差异。此外，申悦和柴彦威（2013）基于北京居民一周的活动时空行为数据，利用 GIS 三维可视化技术刻画了 7 种理论通勤模式居民的活动—移动时空特征，并总结出北京市郊区巨型社区居民的通勤特征及复杂模式。

在购物行为方面，张文佳和柴彦威（2009）使用嵌套 Logit 模型讨论了居住空间对购物出行行为的影响，发现面对居住区位的差异，居民会通过调整其生活方式（购物出行模式)来适应,但是其购物出行需求(家庭购物出行频率)不会受到显著影响。韩会然(2014)、冯健等(2007)分别对芜湖和北京十年以来城市居民购物行为的空间结构演变做了探讨,认为中心城区居民的出行距离变化不大,但是郊区居民的购物出行距离明显缩短,反映出城市商业空间格局的离心化和分散化趋势。朱玮和王德(2008)使用多项式分对数模型对个体消费者行为进行模拟并分析零售商业空间结构对其活动造成的影响,继而提出商业街区改造建议。王德等(2013)对苏州观前街地区消费者活动的空间分布、地块间消费者流动、消费者路径选择等进行分析,并基于调研结论模拟消费者的移动路径,提出商业街空间优化策略。

在休闲活动方面,李峥嵘和柴彦威(1999)从个人属性、社会属性、空间属性等不同角度探讨了大连城市居民休闲时间利用的基本特征。孙樱等(2001)对北京市区的老年人的休闲行为进行分析,发现性别、年龄、文化程度和收入水平对老年人群休闲活动的类型偏好、时间长短和空间活动距离等方面都有比较大的影响。吕红(2013)选取了泰安市主城区的三个城市公园,基于游客需求对居民在城市公园的游憩活动时空间特征进行分析,并提出科学规划城市公园的建议。此外,还有少数研究关注居民的迁居行为,例如,古杰等(2013)从不同生命历程居民居住偏好的角度分析了居住迁移规律,即广州市居民居住迁移的时空路径呈现年龄偏好"N"形曲线和空间偏好"微笑曲线"两个基本规律。

第二类是基于不同人群的视角。从研究主体看,国内早期的日常活动空间研究主要关注不同城市居民的日常活动模式的对比分析。如柴彦威等(1999)以中国兰州市和日本广岛市为实证研究基础,从城市居民的日常活动和城市土地利用两个方面比较分析了不同城市内部空间结构的差异。周素红和邓丽芳(2010)对典型时间断面居民的空间分布特征和居民日常活动社会分异的时空关系进行研究,发现城市中心区一天都具有较强的吸引力,且居民的日常活动时空关系出现阶层分化。

随着社会公平研究的深入,越来越多的研究开始转向对不同社会群体的空间公平和生活质量改善问题的探讨。兰宗敏和冯健(2010)在对城中村流动人口的研究中发现,宏观环境、生活空间以及自身特征三个层次的影响因素综合作用于居民的个体行为,导致城中村流动人口活动时空间结构展现出独有的特征。申悦和柴彦威(2013)从非汇总的角度分析了郊区居民对城市空间的利用情况。和玉兰等(2014)分析了信息技术影响下女性居民日常活动的时空间特征。柴彦威和张雪(2014)通过对北京郊区女性的研究发现,郊区女性的日常生活具有规律性、丰富性和细碎性的特点。张纯等(2007)使用时间地理学的研究方法,通过对北京老年人活动路径的分析,探讨了老年人的年龄、性别、收入、家庭结构等因素对其一天内日常生活活动的影响。张艳等(2014)对居民日常活动空间进行定量及可视化分析,揭示居民日常活动空间的社区分异现象。柴彦威和谭一洺(2017)对西宁市回族居民的时空行为进行分析,发现宗教活动对回族居民活动存在时空制约。刘玉亭(2005)、张艳和柴彦威(2011)等学者对低收入群体的时空活动进行研究,发现其活动时间呈现"破碎化"的特征。此外,还有一些研究针对特定人群(如旅游者、消费者)的活动节奏和活动偏好进行分析,并据此为规划设计和管理的改进提供数据支持(黄潇婷等,2011;

王德等,2013)

3) 国内低收入群体的时空行为特征

国内低收入群体的日常活动行为研究主要关注通勤行为。吴玲玲等(2018)以就业可达性来测度城市居民的职住空间关系,发现居住在中心城区的广州中低收入群体在就业可达性上有一定的优势,但是从总体样本上看,低可达性人数多于高可达性人数。刘倩等(2014)的实证研究证明,西安市中心还是居民通勤的主要方向,部分区域存在一定比例的逆向通勤,弱势群体的文化水平、家庭收入、职业等因素对职住分离存在影响。吕斌等(2013)考察了可支付住房中低收入群体到商业就业中心的就业可达性,发现不同收入群体的就业可达性由于交通方式的不同而存在差异,而且2004年之后的低收入群体在就业可达性上处于更不利的境地。程龙和陈学武(2015)的研究证明低收入通勤者出行较为单一,可选择的交通方式少,机动性较差。以上研究结论说明,低收入群体由于经济地位低下,支付能力不足,交通工具选择余地少,日常通勤往往高度依赖公共交通,同时保障房建设的郊区化使得他们面临通勤时间长、通勤距离远、通勤费用负担重的困境。

在低收入群体的日常活动空间研究上,国内学者围绕低收入群体的日常活动时间利用、城市空间利用、时空间活动集聚特征等方面做了很多有益探讨。刘玉亭等(2005)利用时间地理学方法总结出贫困群体日常活动时空具有活动范围狭小、时间利用零散琐碎的特征。此外,他们还根据时间利用类型,将城市贫困群体分为长时间工作型、一般工作时间型、短时间工作型、无工作时间型四类。张艳和柴彦威(2011)利用可视化的方法对低收入群体日常活动的时空间特征进行了分析,发现其日常活动时间呈现破碎化的特征。塔娜和柴彦威(2017)同时用潜在活动空间和实际活动空间描述不同收入居民的活动空间,发现低收入居民在时空可达性和利用城市空间的能力上都处于劣势。郝新华等(2018)利用因子分析的方法,从活动丰富度与活动范围两个方面分析了低收入群体户外活动的时空排斥情况。周素红和邓丽芳(2017)通过构建时空自相关系数来解读低收入群体日常活动的时空特征,发现低收入群体存在明显的日常活动时空集聚现象,同时还指出低收入人群内部也存在一定的分化,不同类型低收入群体会有不一样的活动模式。

4) 国内社会空间分异研究

国内的社会空间研究始于20世纪80年代,虞蔚(1986)等学者通过实证研究发现我国大城市社会空间分异的形成和西方发达国家有明显区别,种族隔离并不是影响社会空间分异的主要因素。祝俊明(1995)将上海城市人口的社会空间分为高密度商业居住区、中密度文化居住区、工业居住混杂区、新村住宅区和科技文教区,同时期,广州、南京、北京等大城市的社会空间研究证明,大城市的居住空间分异现象存在且呈现极化趋势,城市空间发展的历史惯性是其空间分异的重要原因之一(郑静等,1995;吴启焰等,1999;顾朝林等,1997)。总体上看,2000年以前的中国社会空间分异研究大多基于人口普查数据,利用因子分析、聚类分析等定量方法对大城市的社会区及聚居空间进行分类,据此判断当前城市社会空间结构及分异现状。这一时期城市社会空间的研究对象主要是"城市中有人居住的地方,而不包括无人居住的工业区、仓库区等"(许学强等,1989),基于居住空间的社会空间分异研究很多时候直接等同于城市社会空间分异,成为社会空间分异研究的主要研究范式。2000年之后,国内城市空间结构有了明显变化,如老城区绅士化、城市商业商务中心CBD化、居住空间郊区化、休闲空间多样化等。与此同时,社会空间研究的分析视角、研究数据、研究方法等开始趋于多样化。这些变化使得城市社会空间研究趋于复杂化。

从研究主体来看,这些研究可以分为两类,一类属于传统社会空间研究范畴,这类研究大多以静态的居住空间作为主要研究切入点探讨城市空间分异现象。例如,王兴中(2000)从宏观和微观两个视角对城市社会空间结构特征做了较为细致的总结。李志刚等(2004)基于三个典型社区的实证分析认为我国城市社区重构存在社区同质化和社区间异质性加强两个趋势,并认为造成社会空间重构的主要因素是政府主导。宋伟轩和朱喜钢(2009)基于商品房地产数据对2000年后南京城市居住空间演变进行分析,提出新时期城市居住的社会空间呈现"双重碎片化"特征。这类研究发展时间长,数量众多,尽管也有一些研究尝试采用"微观视角"分析社会空间结构和分异现象,但是这里的"微观"和"宏观"只是居住单位规模的差别,相对于城市和街道层面的"宏观"居住空间,单个社区或居住小区则被认为是"微观"居住空间,整体的研究思路仍然是基于居住空间或地理位置,采用因子生态法识别不同的社会区,对城市社会空间结构及分异现象进行解释,其研究内容以居住空间为主体,对非居住空间的分析很少涉及,因此其研究思路仍然没有脱离居住空间隔离的框架。

另一类则是从动态的微观个体时空行为出发,讨论基于日常活动空间的社会空间分异现象,这类研究在2010年后数量显著增多。柴彦威等(2010)发现北京市不同社区居民出行空间决策存在较为显著的差异,这种差异会随着居民出行目的变化而发生较大变化。张艳等(2014)通过对北京城市不同类型社区居民日常活动的时空分布、活动空间形态及面积等特征的比较,解释了不同社区居民日常活动空间的社区分异。周素红和邓丽芳(2017)认为不同收入群体在日常活动空间上存在明显的分异现象,影响低收入人群日常活动时空集聚的主要因素有城市社会空间格局、个人能力等。基于时空行为的社会空间研究方法对个体差异敏感,不仅可以分析不同社会群体之间的差异,还能区分社会群体内部的异质特征,目前越来越被国内学者重视,是未来社会空间研究发展的重要方向。目前国内学界基于时空行为的视角已经开展了居民交通决策、购物行为、生活圈等研究,并积累了一定成果,但是和传统社会空间研究相比,基于时空视角的社会空间分异研究仍属于前沿课题,目前的实证研究十分稀少(申悦等,2018)。

1.4.3 国内外相关研究评述

社会空间分异是城市规划学、社会学和城市地理学的经典研究议题,目前国内外学者从社会群体的日常活动空间出发,对"基于活动轨迹的社会空间分异"现象做了很多有益探索,相较而言,国内研究较为宽泛,早期对发达国家理论和经验进行引进、借鉴和深化,近年来国内学者也开始关注微观视角下的不同社会群体的社会空间结构及分异现象。当前国内外相关研究总结如下：

1) 社会空间分异研究"重居住空间，轻日常活动空间"

居住空间是居民日常活动最重要的节点，传统社会空间分异研究已形成基于人口普查数据和因子聚类法，从宏观层面讨论不同类型社会区和社会空间结构的经典范式。随着城市空间组织的重构和扩张、交通技术及信息通信技术的飞速发展以及个人主观能动性作用的不断加强，居民日常活动和活动空间趋于个性化、多样化和复杂化。从个人活动地点来看，居住空间只是个体日常活动空间之一，因购物、就业、休闲等活动目的而访问的非居住空间构成个体日常活动空间的重要组成部分，这些非居住空间可能增加或者减少个体被社会隔离和排斥的机会。以哈格斯特朗为代表创立的时间地理学详细阐述了时空间概念，提供了以时间和空间相结合为基础的研究体系，开创了日常生活的微观研究范式。这种在微观层面结合时间与空间、强调限制人行为的约束条件的研究视角和方法，在对特殊群体的研究中显示出很强的有效性，并基于群体的行为特征与差异表现居民的生活质量，反映公平问题。2000年后，国内外时空行为研究大大增加，这些研究广泛应用于健康、交通和规划等领域，基于时空行为的研究体系对不同社会个体和社会群体的敏感度高，不仅可以分析不同社会群体之间的差异，还能区分社会群体内部的异质特征，目前正被国内学者重视，是未来社会空间研究发展的重要方向。

2) 低收入时空行为研究"重日常行为活动规律，轻城市空间互动关联"

国内外学界对低收入群体的日常时空活动已经开展了不少相关研究，这些研究从日常活动时间利用、时空密度、时空活动交通链等角度总结了低收入群体的行为模式和活动特征，但是对他们日常活动的载体——城市空间以及他们对城市空间的利用和活动关系关注较少。城市空间并非均质，不同类型的城市空间的资源分布是不同的，弱势群体由于收入低下或有生理缺陷，往往机动性差，这使得他们在到达资源丰富的城市空间、获取公共服务设施上可能处于劣势地位。居民活动和城市空间是辩证统一体，城市空间影响居民日常活动，居民日常活动又会反向影响城市空间布局。对低收入群体的日常活动的时空规律总结以及低收入群体利用城市空间和城市空间布局之间的互动关系分析有利于把握低收入群体日常活动时空间需求，了解其日常活动中在利用城市空间、参与社会活动、享受城市公共服务设施上的不足，为下一步优化城市空间布局，提高居民生活质量的城市规划策略提出奠定实证和理论基础。

3) 低收入群体时空行为研究"重总体差异，轻内部分化"

在社会转型的大背景下，国内低收入群体的成因十分复杂，而且低收入群体居住空间存在多种城市区位，不同区位和建成环境的住区会直接影响其日常活动空间及对社会资源的利用。以往基于地点的社会空间分异研究将低收入群体作为一个均质体，从整体层面分析低收入群体和非低收入群体的社会空间分异现象，已有研究证明，低收入群体的日常活动空间、生活节奏等和非低收入群体存在明显差异，低收入群体面临时空活动上的困境。收入是导致社会分层的最重要因素，但是居住区位会显著影响个体日常活动节奏、活动空间和社会资源利用，随着人本思想的转向，时空行为研究开始更加精细化，对低收入群体时空行为和日常活动空间分异的研究不仅需要关注其在总体层面和非低收入群体相比呈现的特征,还需要对居住在不同区位的低收入群体进行分类讨论,了解其内部差异化的时空需求,为精细化的政策提供理论依据。

1.5 研究目的、研究内容和研究方法

1.5.1 研究目的

本书基于个体日常时空活动的微观视角,通过比较分析对低收入群体的社会空间分异现象进行研究,其研究目的主要有两个:

一是判断低收入群体日常活动的时空特征,关注和非低收入群体相比,低收入群体在城市空间利用、设施获取等方面是否存在劣势,其日常活动空间是否存在不公平现象。

二是对低收入群体的日常活动空间进行分析,归纳其不同类型的活动特征,并分析低收入群体在城市资源获取、城市空间利用上受到哪些因素的影响,据此提出满足低收入群体时空需求,促进不同收入群体社会融合的社会策略。

本书的重点是从个体微观视角出发了解低收入群体对城市空间的需求及其日常活动空间是否存在不公平现象,为低收入群体活动空间规划及提升策略提供科学依据,并据此对公共服务设施进行公平配置,对社区环境进行优化提升,最终实现提高弱势群体生活品质的目的。

1.5.2 研究内容

本书对基于时空行为的低收入群体社会空间分异这一研究问题进行探究,首先梳理与社会空间分异和时空间研究相关的理论和方法,构建基于时空行为的低收入群体社会空间分异研究框架,并据此开展实证研究,对中国低收入群体日常活动的时空间特征及其对城市空间的利用现状、城市公共服务设施的可达性,以及影响低收入群体利用城市空间的主要因素进行分析,通过比较研究的方法,研判低收入群体是否面临日常活动空间的分异现象及社会排斥现象。

总体上,本书以理论梳理为起点,以实证分析为主体,以微观个体的时空行为为研究视角,以满足低收入群体时空需求的空间优化策略为落脚点。具体而言,本书将重点围绕以下问题展开:

(1) 中国城市低收入群体和非低收入群体日常活动时空特征差异研究。个体日常活动和活动空间的研究既有时间维度,又有空间维度,不同的活动之间还会存在移动行为,收入的差异可能会导致不同个体时空活动在这些维度呈现不同的特征。因此本书首先对低收入群体和非低收入群体的日常活动在时间、空间、移动等方面的特征进行比较分析,归纳低收入群体的日常活动节奏和时空行为规律。

(2) 中国城市低收入群体和非低收入群体活动空间分异研究。对低收入群体和非低

收入群体的日常活动空间特征及其对不同城市空间的利用程度进行定量分析,了解不同收入群体之间是否存在活动空间的显著差异,并据此判断不同收入群体的活动空间是否存在社会分异现象。

(3) 中国城市低收入群体和非低收入群体的公共服务设施可达性比较及社会排斥研究。公共服务设施的可达性直接影响居民日常活动规律和生活质量,和个体是否遭受社会排斥、是否有平等参与社会活动的机会等社会正义问题有重要关联。对不同收入居民总体设施可达性是否存在差异、不同收入居民在特定的单项设施的可达性上是否存在差异、不同社区的不同收入居民设施可达性等问题进行分析,并围绕收入是否是影响居民设施可达性最重要的因素,哪些因素对居民的可达性产生重要影响等问题展开讨论。

1.5.3 研究方法

1) 文献分析法

文献资料研究是本书研究及理论构建的基础,通过搜集有关文献并进行归纳分析可以了解相关领域的研究进展,据此获得对研究问题的科学认识。本书通过对国内外和低收入群体、社会空间、时空行为相关的研究文献的综述研究,厘清关键概念及其内涵,总结当前研究成果和研究尚存的不足之处,明确本书的研究问题、研究思路、研究方法和研究意义,提出合理可行的研究框架,为探究时空行为视角下的中国大城市低收入群体社会空间分异提供理论支持。

2) 调查研究法

调查研究法是指针对客观事实情况直接获取有关资料,并对这些资料进行分析的研究方法。本书综合运用问卷调查、结构式访谈、实地观察等调查研究方法。在问卷调查时,笔者本着务实的态度,经历了文献阅读—案例社区初选—实地走访街道和居委会—试调研—问卷调整—正式调研的过程,最终选取了典型社区进行问卷的正式发放,获取了低收入居民和非低收入居民的经济属性及其连续两日出行活动日志等信息。为进一步了解调研社区居民的日常生活和生活空间,笔者还对社区所在居委会的工作人员、社区安保人员、社区物业等进行半结构访谈,以了解社区建设历史、社区建成环境概况、当前社区基础人口信息、社区管理、社区公共空间使用等信息。此外,笔者先后数十次实地走访案例社区,详细观察了社区内的建成环境,拍摄照片百余张,掌握了第一手丰富的案例社区基础资料。

3) 比较研究法

比较研究法是对物与物之间和人与人之间的相似或相异程度进行研究和判断的方法。比较研究法可以理解为根据一定的标准,对两个或两个以上有联系的事物进行考察,寻找其差异及相同之处,探寻普遍规律与特殊规律的方法,比较分析法是本书在分析阶段反复使用的研究方法之一。对低收入群体单一对象的分析难以全面解释其日常生活的时空需求是否得到满足,其社会空间是否存在分异现象,因此比较研究方法作为本书最重要的研究方法之一,贯穿整个研究过程,在其时空行为规律总结、城市空间利用、设施获取等分项研究中都采用了对比研究法。本书以低收入群体和非低收入群体的社会空间分异为主要研究对象,同时也对低收入群体内部不同个体的活动空间进行比较分析,观察其社会群体内部是否存在多种时空需求,为精细化、个性化的政策提出奠定理论基础。

4)定性定量结合分析法

本书采用 ArcGIS、SPSS、Origin 等软件对问卷数据及相关抽样调查数据进行统计分析,综合运用了 ANOVA、相关分析、Logistic 回归等数理分析方法,对低收入居民的日常活动时空间特征进行分析。由于定量研究往往存在"只看数据不看事实"的缺陷,因此笔者在实地观察及和不同调查对象的访谈中记录了大量有关居民日常活动安排、社区环境体验等感性认识,该过程中获取的大量访谈录音和调查笔记是本书定性分析的基础。本书采用定性定量相结合的分析方法,以更科学的态度对研究对象进行更加全面的解释和分析。

5)多学科分析法

城市低收入居民的社会空间是一个复杂的综合系统,而基于微观个体视角的社会空间分析在我国城市规划学界只有短短二十余年的发展历史,在理论基础、研究方法、研究内容等方面都需要借鉴其他学科的研究成果。本书综合运用了城市规划学、地理学、社会学等多学科的理论和方法,以期更科学、全面、深入地分析城市低收入居民的社会空间相关问题。

1.6 技术路线和研究框架

1.6.1 技术路线

根据研究问题,本书按照研究背景、理论研究、数据获取和建库、数据分析、机制研究和结论讨论等内容依次展开。本书的技术路线和研究框架如图 1-2 所示。

1.6.2 研究框架

基于技术路线,遵循发现问题—探索问题—解决问题—归纳经验的思路来建立研究框架。研究框架由研究背景、理论研究、数据获取和建库、数据分析、机制研究和结论讨论等六个部分组成。

研究背景:介绍本书选题背景并解释重要概念,然后对国内外相关研究进行综述,阐明目前研究的不足和本书研究的必要性,并基于已有研究成果和本书研究内容确定研究目标、研究内容、研究方法和技术路线等内容。

理论研究:对与研究密切关联的社会空间分异理论、社会排斥理论、时空行为方法论、活动空间理论等内容展开阐述,并在此基础上构建本书的理论框架。

数据获取和建库:首先梳理中国居住空间发展脉络,在此基础上筛选案例社区并进行

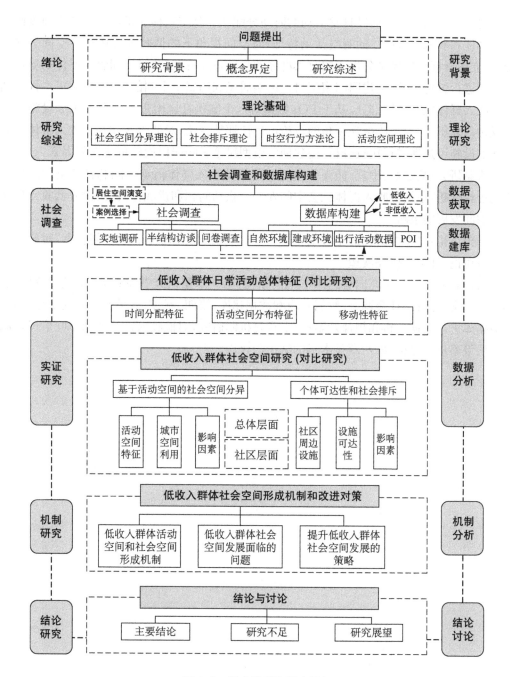

图 1-2 技术路线和研究框架

*资料来源：作者自制

社会调查，基于获取的居民两日的活动出行日志数据，结合已有的城市基础数据、POI等数据构建本书研究数据库，为下一步数据分析奠定基础。

数据分析：包括低收入群体日常活动的时空间特征、时空间视角下的低收入群体社会空间分异、设施可达性评估和低收入群体社会排斥等3块内容。其中低收入群体日常活动的时空特征主要从居民日常活动的时间分配、空间分布、移动特征等三个方面刻画低收入群体和非低收入群体的时空活动特征;时空间视角下的低收入群体社会空间分异部分,建立多指标评价体系分析不同收入群体的活动空间特征,并对不同收入群体的城市空间利用进行量化比较,构建回归模型讨论影响居民利用城市空间的因素;设施可达性评估和低收入群体社会排斥部分,基于POI数据对六个案例社区附近主要公共服务设施供应情况进行分析,构建个体微观视角的设施可达性评估方法,对低收入和非低收入群体个体层面的设施可达性进行比较分析,构建回归模型讨论影响居民设施可达性的因素。

机制研究:从宏观、中观、微观等角度对影响低收入群体活动空间和社会空间的形成机制进行分析,总结低收入群体社会空间发展面临的问题和挑战,并提出提升低收入群体社会空间发展的策略。

结论讨论:对本书研究的主要结论进行总结,归纳研究可能的主要创新点,对研究不足进行讨论,并提出研究展望。

根据研究思路和研究内容组织本书的结构:第一章是研究背景;第二章是理论研究;第三章是案例选择、社会调查、数据获取和数据建库;第四、五、六章是实证研究部分,即基于数据库进行数据分析和规律观察;第七章是机制研究,对低收入群体活动空间形成机制及发展策略进行分析;第八章是本书的结论与讨论。

第 2 章 相关理论基础和框架构建

微观视角下的社会空间分异研究涉及地理学、城市规划学、社会学等多学科理论,本章对与研究内容密切关联的社会空间分异理论、社会排斥理论、时空行为方法论、活动空间理论等理论和方法论进行阐述,并构建基于时空行为的大城市低收入群体社会空间分异的研究框架。

2.1 社会空间分异理论

社会空间分异是城市社会学和城市地理学的经典研究议题,其发生的深层次原因是城市中基于分层所形成的社会结构的发展和演变,因此本节将从社会分层理论出发,对中国低收入群体所在社会阶层及资源占有、社会分层和社会空间分异等方面进行阐释。

2.1.1 社会分层理论

社会分层(social stratification)是一种根据获得有价值物的方式来决定人们在社会位置中的群体等级或类属的持久模式(戴维·波普诺,1999)。最早提出社会分层理论的是德国社会学家马克思·韦伯,他把社会分层分为经济、政治和社会三个关键维度,其中经济标准是个人在经济活动中的生活基础,是个人利用其收入或者财富满足自身物质需求的能力;社会标准是个人在社会中的声誉和被尊敬的程度;政治标准则是指权力,即社会行动者在遇到反对的情况下依然能够完成自己意志的可能性(Bourdieu,1985)。这三个标准可以综合,也可以单独用于划分社会阶层,如财富差异产生阶级,威望差异产生身份群体,权力差异产生政党。韦伯关于社会分层的相关研究奠定了西方社会分层研究的理论基础。随后,美国社会学家沃纳等基于经济、政治和社会等多个维度对美国社会阶层进行划分,该方法被称为"Weber-Warner 分层法",后来成为学界普遍采用的一种社会分层方法。

社会的层化现象是普遍存在的,任何社会都存在一定的社会分层体系(李强,2003),经济不平等是阶层分化的基础,也是阶层分化的主要表现形式。社会分层体系本质上是一种不平等体系,在这个体系中,各种有形和无形的资源被不均等地分配给不同社会成员。社会的分层结构是社会关系的基本界线,决定社会结构的其他方面,也是社会行动的基本组织原则,那些占有优势的群体可以通过各种机制排斥来自其他群体的成员,维持乃至增强其所属群体的优势(马尔科姆·沃特斯,2000)。郑杭生等(2004)认为社会生产力的发展为社会转型提供了物质基础,生产关系的改变和生产资料所有制结构的转变又使得人们在生产中的地位及相互关系、产品分配及消费结构出现转型。

通过分析国内外学者对社会分层内涵的解读可知,社会分层是构成社会不平等、形成社会认同、决定社会利益结构和社会矛盾冲突的社会基础,基于社会资源的占有和分配形成的社会关系则是社会分层过程的核心。

2.1.2　中国低收入群体所在社会阶层及资源占有

西方社会分层理论是在成熟的市场经济社会中渐进式发展起来的,其理论模式和对社会分层结构的探讨多为对市场经济社会的静态分析。中国社会自1978年改革开放以后发生了深刻的变化,原来的"两个阶级一个阶层"(工人阶级、农民阶级和知识分子阶层)的社会结构发生了显著分化,以职业为基础的新的社会阶层分化机制逐渐取代过去以政治身份、户口身份和行政身份为依据的分化机制,新的社会阶层逐渐形成,不同阶层之间的社会、经济、生活方式及利益认同的差异日益明晰化。当前中国的城市社会转型所呈现的特殊性,决定了其社会分层呈现与传统模式完全不同的状态。20世纪90年代,"当代中国社会结构变迁研究"课题组在《当代中国社会阶层报告》(以下简称《报告》)中概括了现阶段中国社会阶层分化的主要特征,即与绝大多数已经实现工业化或正在实现工业化的社会一样,在当代中国社会,阶层的分化越来越趋向于表现为职业的分化;当代中国社会的一些特殊的制度性安排对社会阶层分化仍然有显著影响。这些制度因素包括所有制、户籍制、部门差异以及国家在资源配置中的强有力的作用。生产资料所有权仍然是导致当代社会阶层分化的重要因素之一,这也是市场经济社会的普遍特征,但是这一因素在当代中国社会阶层分化中的作用要相对弱于它在当代资本主义社会中的作用。经济体制转轨的过渡期对社会阶层分化产生了特殊的影响,即在过渡时期的利益调整中,大部分人的收入和生活水平逐渐提高,但是同时也会有一部分人因为收入和生活水平相对下降而落入社会底层。另外,在过渡时期还会出现阶层位置不稳定的边缘性群体。

《报告》还提出以职业分类为基础,以组织资源、经济资源和文化资源的占有状况为标准来划分中国社会阶层。其中,组织资源包括行政组织资源和政治组织资源(包括人和物)的能力;经济资源主要是指对生产资料的所有权、使用权和经营权;文化(技术)资源是指社会(通过证书或资格认定)所认可的知识和技能的拥有。在这三种资源中,组织资源是最具有决定性意义的资源,经济资源在20世纪80年代后变得越来越重要,收入是衡量社会群体分化和社会异质性的一项重要指标,是测量社会分层的基本变量之一(樊平,1996)。

当代中国社会中,对组织、经济和文化三种资源的拥有状况决定着各社会群体在阶层结构中的位置以及个人的综合社会经济地位。依据这三种资源的拥有量和所拥有资源的重要程度,陆学艺等(2002)用十个社会阶层和五种社会地位等级勾画出当代中国社会阶层结构的基本形态,这十个社会阶层是国家与社会管理者阶层,经理人员阶层,私营企业主阶层,专业技术人员阶层,办事人员阶层,个体工商户阶层,商业服务业员工阶层,产业工人阶层,农业劳动者阶层,城市无业、半失业、失业者阶层。社会阶层较高的人群名义上的工资收入虽然不一定最多,但他们一般占有更优质的社会资源,相对社会福利更好,升迁机会更多,子女也更容易接受到优质教育。其对应的五种社会地位依次是:社会上层、中上层、中中层、中下层以及底层。陆学艺及所在课题组提出的有关中国社会阶层、社会资源和社会等级的理论至今仍是国内学者理解特定社会群体所属社会阶层、社会等级及所占资源的重要依据之一。为了进一步了解低收入群体的职业构成和资源占有现状,笔者根据陆学艺的社会分层结构的理论框架绘制了五大社会等级、十大社会阶层和三大社会资源的关系图,如图 2-1 示。

可以看出,低收入群体归属的社会阶层有商业服务业员工阶层、产业工人阶层、农业劳动者阶层和城乡无业、失业、半失业者阶层,对应的社会等级主要集中在社会中下层和社会底层,他们拥有的经济资源极少,在文化资源和组织资源占有上也处于绝对弱势。这些劣势也有可能体现在他们的日常活动上,加深低收入群体被孤立、隔离和排斥的可能。

中国的体制改革和经济发展改变了原有的社会权力结构以及相应的社会群体对社会资源的占有和分配状况,进而引发了社会分层结构及其相应利益结构的变动。分层地位和相对关系的变化所引起的利益得失,直接影响着社会的稳定(吴启焰,2001;陆学艺,2010)。城市这种基于分层形成的社会结构是城市社会空间结构形成与发展重要的、深层次的因素之一,其社会组织的整体性和分离性是社会空间互动和分离的根本原因(段进,2006)。

2.1.3 社会分层和社会空间分异

社会学将社会空间分异分为外生分异和内生分异两种类型,外生分异是由于社会群体社会地位的差异而形成的不同群体之间的隔离,是社会经济地位、社会文化心理等价值取向分化的结果;内生分异则是指同一社会阶层的人群由于社会经济地位、价值取向相同,或由于地缘、亲缘而形成的内部聚集性。随着城市社会阶层分化现象的凸显,城市空间中会出现与社会阶层分化相一致的城市社会空间分异,即贫富各自相对集聚,体现为相似群体在消费资源、住房、就业的可接近性和变动性趋同的现象(庞瑞秋,2009)。外生分异和内生分异形成的社会分化会成为一种自发的自我强化过程,住宅的商品化、内城休闲娱乐的绅士化、各类商品服务市场化的结果会进一步推进不同社会空间在经济、权力层次的再分化,并扩大到社会文化、生活方式、价值观等方方面面。可以看出,社会结构的分层、分化和极化最终反映为城市空间的分异和极化,社会分层是引发社会空间分异的深层次原因。

2.1.4 社会空间分异理论启示和小结

社会分层结构决定了不同社会群体的社会活动范围和所拥有的社会机会,占有优势的社会群体会通过各种机制排斥来自其他群体的成员,维持乃至增强其所属群体的优势(马尔科姆·沃特斯,2000)。这种社会阶层分化在空间上的结果表现为和居民日常活动相关的方方面面,不仅表现在静态的城市居住空间,还有可能表现在其动态的购物、休闲、就业等活动空间。

城市低收入群体时空行为的社会分异研究

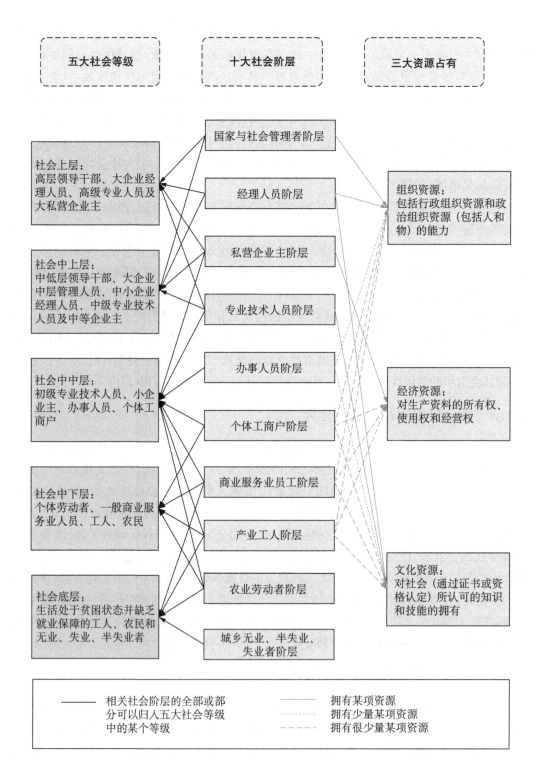

图 2-1 当代中国社会阶层结构及资源占有情况

* 资料来源：作者根据资料重新绘制（陆学艺，2002）

2.2 社会排斥理论

社会排斥是解释低收入群体社会空间公平的重要维度(Kenyon et al.,2002；Cass et al.,2005)。社会排斥反映在个体生活中是时空行为上的排斥,表现为可达性差、设施获取不足、活动空间范围狭窄等,可以看出,微观视角下的社会排斥和社会空间分异内容高度重合,其也是解释活动空间分异的重要维度(Schönfelder et al.,2003；周素红等,2017；石恩名等,2016；Farber et al.,2011)。因此,本小节对社会排斥的概念、社会排斥和贫困之间的辨析、可达性和社会排斥的测度等内容展开阐释。

2.2.1 社会排斥理论内涵

一般认为社会排斥(social exclusion)的概念最早由法国社会学家里诺尔(Rene Lenoir)提出,主要用于描述处在社会边缘的特定团体或人,被排斥在政府就业及社会保障体系之外,从而导致社会、经济、文化等多方面被排斥的现象(阿玛蒂亚·森等,2005)。此后社会排斥的概念内涵不断被扩展,人们关注的研究主体也越来越广泛,与社会排斥相关的课题逐渐成为英国及其他欧洲国家的城市规划及政策研究者讨论的重点。

社会排斥是一个多维度的概念,涉及社会学、心理学、政治学、教育学等多个学科,目前学界尚未有统一的概念定义。Silver(1994)认为社会排斥可以从多角度加以界定,并提出很具影响力的社会排斥范式理论：团结范式(solidarity paradigm)、专业范式(specialization paradigm)以及垄断范式(monopoly paradigm),这些范式来源于政治哲学的不同分支,解释了包括经济、社会、政治、文化等层面的表现各异的社会劣势。英国社会排斥部(Social Exclusion Unit,2003)认为社会排斥是一种居民遭受失业、劳动技能低下、薪酬较低、无家可归、处境危险、长期生病及婚姻失败等现象互相交错而产生的综合性后果。欧盟委员会(European Commission)强调每个公民都有权利享有一定的基本生活水平,并且有权参与主要的社会生活,如就业、住房、医疗保健、教育等,当公民的权利部分或者全部不能得到实现时,就会发生社会排斥。社会排斥是弱势群体遭受贫困和劳动力市场排斥的主要问题,因此西方学者认为应对社会排斥的最好方式是解决有劳动力的失业问题(Bhalla et al.,1997；Percy-Smith,2000)。

以往研究中有关社会排斥的特征分析可以归纳为以下几点：① 社会排斥不仅是一种结果,更是一种过程,在这个过程中,个人、家庭或社会群体被系统地排斥在各种社会机会之外。这个过程不仅是由社会成员自身原因引起的,更是社会因素作用的结果,因此,研究社会排斥更应该关注个人以外的社会原因,包括个人所处的社会制度、社会结构等(彭华民,2005)。② 社会排斥具有多维度,不仅有涉及经济的物质层面,还有涉及公共服务设施获取、就业、心理等的非物质层面。不同维度之间不仅相互作用,相互影响,而且具有"累积"和"强化"的性质,当多个维度的排斥相互催化和加强,被排斥的个体或社会群体的生活状况会持续恶化（Levitas et al.，2007），正如 Casas(2007)指出，持续的社会排斥会导致一种不可持续的社会环境。③ 社会排斥的概念具有相对性，一方面，虽然社会剥夺强调社会机会的丧失，但是社会机会包括就业、住房、医疗保健、教育、民主权利等多方面，个人或社会群体处于社会排斥的状态并不意味着所有资源的丧失，可能只是丧失部分资源；另一方面，个人或社会群体处于社会排斥状态的时间是相对的，随着个人努力或社会政策的完善，原本处于弱势的社会群体可以脱离被排斥的状态，从而实现社会公平和社会融合。

根据社会排斥的特点可知，低收入群体受到时空间上的排斥并非完全不能改变，当其时空制约得到缓解，其有可能摆脱时空排斥的境况，有利于融入社会活动。

2.2.2 社会排斥和贫困

自 20 世纪 70 年代，伴随西欧经济的重建，"新贫困""下层阶级"等词汇开始被用于描述弱势群体在社会生活中受到的负面影响。"新贫困"是指工业重建中大规模的经济变迁导致的贫困，这和以往主要由于个人因素导致的"贫困"有明显不同，学者认为已有的理论很难解释在西欧福利国家出现涉及社会生活诸多方面的"新贫困"现象，需要以一种新的研究理论及方法对其形成原因、过程、特点及表现进行概括和探讨。

"社会排斥"是研究贫困和不平等过程中发展出来的概念，欧盟及其成员国在讨论反贫困反社会排斥的时候常常将"贫困"和"社会排斥"这两个概念互换使用（Church et al.，2000）。尽管从广义上说，社会排斥和贫困在概念上有所重叠，但很多学者认为这两个概念在内涵上有重要区别（Percy-Smith，2000；Bhalla et al.，1997；Duffy，1998；Pantazis et al.，2006；Kenyon et al.，2002）。Sen(1979，1981)认为贫困强调贫困人口生活的物资供给不足，而社会排斥强调贫困人口所处的社会生活、文化融入和正式生活的参与机会的缺失。Gordon 等(2006)认为社会排斥包括贫困（impoverishment）、劳动市场排斥（labor market exclusion）、服务排斥（service exclusion）、社会关系排斥（exclusion from social relations）四个方面，贫困只是社会剥夺的一个表征，如果将两个概念等同，那么会掩盖社会排斥固有的多重性。Bhalla 和 Lapeyre(1997)认为充足的收入是确保人们获得基本生活所需、避免社会排斥的必要手段，但不是充分手段。贫困是一个结果，产生的原因是其需求未能满足，而社会排斥是一个过程，产生的结果是低收入者在参与社会活动时遭受拒绝或歧视（刘燕，2016）。

就状态而言，贫困的含义主要是资源不足，社会排斥则是对自身应有权利的享有和发挥能力不足。Kenyon 等(2002)对"贫困"和"社会排斥"两个概念的内涵进行了较为详尽的辨析（表 2-1）。可见，这两个概念既密切联系，又有所区别，对低收入群体的关注不仅需要了解贫困的经济状况对其生活的影响，还应该对其在日常生活方方面面是否存在社会排斥做进一步探讨，而后者直接关系其生活满意度和生活质量。

表 2-1　贫困和社会排斥之间的一些重要区别

贫困(poverty)	社会排斥(social exclusion)
物质资源	社会参与
强调分配	强调关系
强调结果	强调过程
经济方面的权利	市民权利
自上而下	从里到外
单一维度的	多维度的
容易量化	难以量化

* 资料来源：Kenyon et al.，2002

可见，社会排斥理论可以解释除经济排斥以外的非物质排斥，是在一个更广泛的背景下分析社会资源再分配对贫困者日常生活的影响。"贫困"和"社会排斥"并非简单的因果关系，遭受贫困的人并不一定在其他方面都被社会排斥，"贫困者"在完善的社会福利制度下可以减少被主流社会排斥的情况，而富裕的人在不合理的社会体制下也有可能面临公共服务设施短缺的排斥情况。由于"社会排斥"强调过程，且具有多维度的累加性，"低收入群体"在遭受经济上的排斥的同时被剥夺公平享受社会公共服务设施、参与社会活动等权利，社会排斥不仅会导致他们生活质量的持续恶化，更会成为社会矛盾激化的隐患。因此，评估"低收入群体"非经济方面的排斥是关注低收入群体生活质量，维护社会公平的重要研究内容。

2.2.3　个体可达性和社会排斥

1）社会排斥和个体可达性的关联

社会排斥和个体可达性(accessibility)有密切关联，可达性是社会排斥潜在的重要测度指标之一。Kenyon 等(2002)将社会排斥的概念扩展为九个关键维度(表 2-2)，包括经济维度、社会维度、社会网络、组织政治、个人政治、个人维度、居住空间、时间维度及机动性。Farber 等(2011)指出这九个维度都体现了个体机动性(mobility)、人们活动参与能力以及可达性以重要的方式相互作用。可达性是衡量一个人在一定环境中参与各种活动的容易程度(Weibull，1980)。个人可达性的高低直接影响其参与各种社会活动和获得资源的机会和能力，不同能力的居民在获取和利用城市各项资源的过程中会存在差异，设施和服务的获取不足会对弱势群体的就业、通勤等活动产生排斥，降低其生活满意度，并严重影响其生活质量。

表 2-2　社会排斥的维度和潜在排斥因素

维度	潜在排斥因素
经济维度	收入贫困 失业 无法获得"安全网"(safety net)信贷 缺乏获取技术的途径

(续表)

维度	潜在排斥因素
社会维度	犯罪 家庭动荡 低教育水平 不平等 缺少社会权利 缺乏适当的社会医疗服务
社会网络	正式和非正式网络的崩溃 孤独 隔离 信息的缺乏 社会态度
组织政治(有组织地影响决策的能力)	剥夺公民选举权(低投票率/登记率) 团体和组织的参与度低 公民权利和自由被剥夺 缺少代表 不能参与行使权力
个人政治(对自己的生活做出决定的能力)	无权利 选择受到限制
个人维度	性别歧视 民族宗教 性向文化 亚健康 技能水平/教育获得
居住空间	邻里,包括安全、犯罪 恶劣的当地环境 不团结的社区 地理隔离(可达性) 本地服务,包括交通、教育
时间维度	时间贫困
机动性	交通不便或无法使用交通设施 社交网络、设施、商品、服务的可达性降低

* 资料来源:Kenyo et al., 2002

机动性是可达性反映在个体交通出行上的一个重要指标,与个人在空间中移动的能力有关,是个人能力在空间移动性的表现。早期研究社会排斥的学者和政策制定者认为,"交通障碍"是导致居民机动性不足、可达性较低的主要原因,因此提出增加道路、增加多联式出行等应对措施(Social Exclusion Unit,2003)。近二十以来,随着交通工具和信息通信技术(information and communications technologies,ICTs)的飞速发展、个人主观能动性作用的不断加强,居民的移动性(mobility)也在不断提高,不同居民由于经济水平、社会网络等原因呈现出非常复杂化和多样化的出行方式和日常活动。一些学者认为,在当代高度流动的社会环境中,居民的可达性不仅跟出行工具和交通设施有关,还和个人的经济能力、时间、空间等限制有关(Kenyon et al.,2002;Cass et al.,2005)。

传统的测量可达性的方法往往基于单一的位置参考点(如居住地或者工作地),常用的方法有容器法、覆盖法、最小距离法、最小行进成本法和"引力模型"法等(Talen et al.,1998)。这些基于位置的测量方法将居住在同一区域的居民的可达性视为同一水平,忽略了不同个体在个人能力和建成环境等条件约束下,可能会有复杂多样的出行行为(Kwan,1998;Kwan et al.,2003;Krivo,2013),这是因为个体可达性不仅由城市环境决定,而且由个体特有的时空自主性决定(Miller,1991;Kwan,1998),个人在日常生活中的可达性测量比传统基于地点的度量方法更加复杂(Kwan,1999;Zenk et al.,2011)。时间地理学和行为地理学中,个体的日常活动空间是个体在城市环境和个体时空限制等多重因素制约下对城市空间的有效可达范围,基于此,Kwan(1998,1999)等学者提出通过计算个体活动空间内的社会机会测度不同个体甚至不同社会群体的时空可达性。基于个体日常活动空间的可达性测算方法(activity-space-based approach)比传统方法更能有效捕捉人与人之间获得社会资源的差异(Kwan,2009,2013;Zenk et al.,2011)。

2) 公共服务设施可达性

每个城市都有大量各种类型的服务设施,从学校、医院、公园、图书馆等到公共服务设施再到商店、餐馆、酒店、超市等商业服务设施,它们都是特定地方的服务,而且呈现出尖锥形的服务强度,即服务设施对社区的服务强度随着距离的增加而衰减。城市的服务设施对居民的日常生活可能有利,也可能不利,例如,人们都倾向居住在超市、诊所附近,但是却不希望生活在垃圾处理厂附近,城市居民在经济条件允许的情况下都会尽可能选择居住对自己有利的服务设施齐全的住区附近。

学者们通过对城市内部社区和邻里之间的研究发现,居民的生活质量在很大程度上是由社区的公共服务设施决定的,社区内部和周边公共服务设施齐全、社区服务完善、环境优美的住区居民往往生活满意度更高,而郊区公共服务设施匮乏、社区服务低下的住区居民往往生活单调,满意度较低。因此,对服务设施、便利设施的可达性的考察是家庭选择住房的重要参考依据,设施可达性的差异还会强化家庭之间在住房市场中的竞争和冲突,加剧社会群体之间的分异。

服务设施可达性的空间差异是影响城市社会空间正义的重要因素,西方学者常将服务设施可达性与社会剥夺研究结合,分析城市内部弱势群体的社会隔离和排斥问题。城市弱势群体难以享受到必要的公共服务设施,不仅影响生活质量和生活满意度,还会造成生存机会和发展机会的剥夺,导致持续的贫困和社会不公平。在我国,社会排斥产生的主要原因有劳动力市场的结构性调整、住房市场的转变、教育体制的不完善、社会关系网络的断裂、城市基础设施和社会保障制度缺陷等。随着中国社会经济转型的深入,社会阶层不断分化,居住空间分异加剧的同时,不同区位的居民、不同类型的社会群体对服务设施的空间可达性也发生着变化。弱势群体在就业、参与社会生活、利用社会资源时更容易被排斥,被排斥的社会群体在社会生活中会持续遭受歧视并进一步被边缘化,而且这种排斥行为可能会代际传递,造成社会隔阂的积累,阻碍社会的可持续发展。

2.2.4 社会排斥和社会空间分异联系

时空行为视角下,个体的可达性将社会排斥和社会空间分异结合,共同解释个体日常生活的时空需求和社会公平问题(图 2-2)。一方面,个体可达性的高低直接影响其参与各种社会活动和获得各种社会资源的容易程度,因此可达性被认为是测度社会排斥的重要指标,在实证研究中常被用于分析弱势群体的社会公平问题(Kwan,2013;Casas,2007;周素红等,2015)。个体遭受的可达性不足和社会排斥会体现在其时空行为的方方面面,例如设施获取数量少,难以利用优势城市空间等,这在时空活动规律和活动空间范围上与主流群体具有明显差异,从而出现活动空间上的社会分异现象。因此个体可达性和社会排斥程度在很大程度上可以解释动态的社会空间分异现象。此外,社会排斥强调过程,认为不同维度的排斥具有累加性和相对性,因此可达性可以解释低收入群体除经济排斥以外的非物质排斥,对避免低收入群体遭受多重排斥、提高其生活质量、促进日常活动公平具有重要意义。

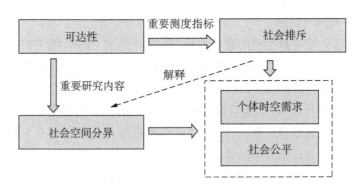

图 2-2　微观视角下的社会排斥和社会空间分异关联

* 资料来源:作者自制

另一方面,可达性是微观视角下社会空间分异的重要研究内容,个体的可达性不足、受到较大时间制约、被特定场所身份限制,反映在日常生活中就是社会机会(就业、教育、休闲等)获取不足(Schönfelder et al.,2003;Farber et al.,2011;Cass et al.,2005)。社会空间分异关注个体时空行为和活动空间差异,但是对时空行为和活动空间特征的研究难以直接判断个体和城市的实际交互关系,例如,个体的活动空间范围可能很大(如运货司机),但是他们到达的区域并不一定是社会资源密集的区域(如郊区),对活动空间的大小和形态的分析难以直接判断个体对社会资源的实际利用程度。因此,对低收入群体社会空间分异的研究有必要同时考虑低收入群体日常活动对城市空间的利用、获取及其活动的影响因素。

通过对可达性、社会排斥、社会空间分异交互关系的解读可以看出,个体可达性是社会排斥的重要测度指标,也是微观视角下社会空间分异的重要研究内容,社会排斥和社会空间分异可以共同解释个体生活时空需求和社会公平问题。

2.2.5 社会排斥理论启示和小结

社会排斥是一个多维概念,低收入群体不仅遭受经济上的排斥,还有可能遭受就业、教育、就医等机会获取方面的排斥。经济排斥和其他方面的排斥累加,会造成低收入群体社会空间不公加剧,生活满意度降低,生活质量持续低下。可达性是时空行为和行为空间研究的重要内容,也是测度社会排斥的潜在重要指标,设施可达性和个体日常生活直接相关,是解释社会公平和社会空间分异的重要内容之一(周素红等,2017;Farber et al.,2011;Kenyon et al.,2002;Cass et al.,2005)。根据社会排斥理论,处于排斥的个人或社会群体可以随着个人努力或社会政策的完善逐渐脱离被排斥的状态,从而实现社会公平和社会融合。因此,对低收入群体的设施可达性和社会排斥进行评估,可以了解其时空制约,为提出满足其时空需求的策略提供依据。

2.3 时空行为方法论

20世纪60年代后期,在反思实证主义地理学过于简化空间问题、忽视人在环境中的作用的浪潮中,强调个体和微观研究视角的行为学派应运而生,为理解人类活动和城市环境在时空间上的复杂关系提供了独特视角(Johnston,1986;Golledge et al.,1997;Hägerstrand,1970)。以下从行为地理学理论、时间地理学理论、活动分析法三个方面对时空行为方法论进行阐释。

2.3.1 行为地理学理论

行为地理学是指在考虑自然地理环境和社会地理环境条件下,强调从人的主体性角度理解行为和其所处空间的关系的地理学方法(柴彦威,2005)。20世纪60年代开始,随着对人类空间行为及其所处环境之间关系认识的深入,以往重视形式与结构的描述开始转向重视过程的描述和解释,行为地理学就此兴起。早期行为地理的研究大多停留在对人类行为特征进行汇总,强调个人对物质环境的选择和偏好,此后又吸纳了结构化理论的研究方法,行为研究开始转向强调外部环境的作用,关注政治、经济、文化、社会等多重环境因素的影响,着眼于日常化、结构化。

早期的行为论方法将心理学的相关理论及概念引入地理学,试图了解人们的思想、感官对其环境的认知和空间行为决策的形成和行动后果,重视个人态度、认知、偏好等主观因素对空间行为产生的影响(Golledge et al.,1997),其理论应用在居住迁移、购物行为等研究领域产生了一定影响。但是由于早期的行为理论过度依赖纯粹的行为科学,试图从心理层面来建立具有普适性的模型,忽略了个体主观能动性之外的影响因素及行为和环境之间的联动关系,因此受到了各方面的质疑与批判。20 世纪 80 年代,行为主义地理学在经历一段衰退期后逐渐转向更加多元化的方向发展,放弃了构建普适模型的传统,从"空间行为"逐渐转向"空间中的行为",强调城市空间与人类空间行为之间的互动关系,将不同行为与环境加以差异性的呈现。同时,行为主义地理学的研究重点正在从"空间行为"(spatial behavior)、"例外行为"向"空间中的行为"(behavior in space)、"日常行为"转变,无意识的、非探索性的、反复空间的经验行为成为其关注的焦点。

20 世纪 90 年代来以来,长期以科学主义为主导的、重视自然人和自然地理环境之间相互关系研究的人文地理学开始转向以人本主义为主导、重视社会人和社会地理环境之间相互关系的研究。这种研究转向的根本原因在于,社会经济生活及空间现象中的经济因素的重要性持续下降而社会与文化等因素的重要性相对上升。因此,解释人文地理现象的视角从自然因素、经济因素等转向社会因素、文化因素、个人因素等。强调个体和微观过程的行为学派为理解人类活动和地理环境在时空间上的复杂关系提供了独特的视角。区别于基于经济、资本、功能等偏向宏观的城市研究视角,基于行为的城市空间研究范式强调对行为主体、个体非汇总行为的选择和制约过程的理解,强调不同个体之间,以及个体与城市空间之间的相互影响的过程和机理。在基于行为的城市空间研究范式下,"空间—行为"互动理论是研究的核心,一方面,人类行为发生在复杂的城市空间中,个体行为的认知、偏好和选择过程都会受到空间的制约;另一方面,由于行为主体本身的主观能动性,人类行为对城市空间同样具有塑造和再塑造的作用。

经过 40 余年的发展,时空行为研究理论与方法已经大大突破了最初的空间科学式的研究范式,形成了城市空间研究的行为学派。行为论方法最主要的特征是从强调形态转向强调过程,从过程上寻求特定空间行为的发生原因,强调微观个体、人的主体性和主观认识。行为论方法认为空间行为可以通过认知过程进行解释。并且,行为研究认识到个体不仅会对真实建成环境和社会环境进行简单回应,同时也会对其进行重塑。因此,行为并不仅仅是一系列事件的最终结果,它同时也是新的事件的开始,换言之,行为和空间永远处于互动的过程中。这种"行为"和"空间"辩证统一的关系有助于我们从微观角度理解城市社会空间系统的复杂关系。

2.3.2 时间地理学理论

时间地理学(time geography)是 20 世纪 60 年代由以瑞典地理学家哈格斯特朗为核心的德隆学派发展起来的。时间地理学并非"以时间作为研究对象的地理学",而是运用时间地理学的方法,从"各种条件制约下人的行为的时空特征"这一微观对象角度来研究人地关系的地理学(柴彦威等,1997)。哈格斯特朗提出八条关键的假设作为其理论基础：人是不可分割的,人的一生是有限的,一个人同时从事多种活动的能力是有限的,所有活动都需要一定的时间,空间内的移动需要消耗时间,空间的容纳力是有限的,地表空间是有限的,现状必定会受到过去状况的限制。这八条假设从两个方面强调了人的活动行为会受到各种物质及社会环境的限制和约束,一方面,人的行为有生理界限,这反映了时间地理学和行为地理学的本质不同,即时间地理学对人的行为分析不是根据个体的随心所欲,而是围绕人受到的各种制约条件进行客观分析。另一方面,时间和空间都是一种资源,这种资源是有限的,且不可转移,人的任何活动都会消耗一定的时间和空间资源。尽管一个人有时候可以同时担任多个角色,但是更常见的是个体担任某个角色的时候不可以同时担任另一个角色,并且每个角色都需要在一定的时间和地点,每个人担任的不同角色将形成不可改变次序的活动序列,空间中的某一点一定和更早之前的某一点相关联,同时现状必定会受到过去状况的制约。

时间地理学强调制约对个人日常活动的影响,认为人的活动是由一定空间环境下一系列连续且相关的事件所构成的。个人为了满足日常活动需求,一般要从一个驻所移动到另一个驻所,在移动过程中会受到生理或者个人决策、公共政策、集体行为准则等的各种制约,这些制约可以总结为能力制约(capability constraints)、权威制约(authority constraints)以及组合制约(coupling constraints)三种,人们在日常活动中一般只能部分克服这些制约。

在时间地理学的时间观里,个体行为必须占用一定的时间和空间,个体经历时间的最大维度就是其生命的长度,且时间不可逆。在这种"时空间"的概念下,个体在时空中的运动形成一个连续的、不可分的、不可逆的行为过程。基于此,时间地理学创建了一系列崭新符号系统来表达人的时空特征,如生命线、路径、时空棱柱、时空收支等。在表达概念上,早期的地理学研究者多利用二维地图和绘图法来描述人类活动——移动的模式,如Chapin(1974)用不同目的地相连的线段表示个人的时空活动路径,但这种二维的表达缺失了与活动和出行相关的重要时间信息,如不同活动的时间顺序和持续时间等。

时间地理学是分析人类活动模式和时空运动的最早的空间整合视角之一,其最大的贡献在于将微观研究和宏观研究相结合,通过对时空间中各种人类活动的分析,将人本化和社会科学化的研究视角和分析方法引入城市规划学。时间地理学从微观的个人研究出发,又把人放在整个社会环境的大背景下来分析,并从个人层面汇总到不同类型的人群,最后拓展到宏观层面上的团体、社会研究。通过个人身上折射出的社会运行规律,讨论怎样改变现有社会状况以提高人们的生活质量。20世纪90年代之后,随着空间信息技术的发展,基于大规模时空数据的时空行为模拟和可视化表达才真正成为现实,同时也使得从大量的数据中辨认和解释空间模式和空间关系成为可能。

2.3.3　活动分析法

活动分析法(activity-based approach)发展于20世纪80年代交通规划对人们交通出

行需求预测的研究中。活动分析法通过移动出行把居民的日常活动的时间维度和空间维度统一起来,突出出行行为与城市功能结构的相互影响,随着其理论方法的日趋成熟,目前已成为城市空间结构、城市规划和城市交通研究等领域的热点。城市居民日常活动系统是行为空间的重要组成部分,反映个体与环境最直接的交互过程,而且把行为空间整合在时间和空间的同一背景下,成为特定社会经济结构下个体层面长期和短期的选择和各种制约下多重因素影响的结果,并且通过各个活动之间的移动把分散的活动地点连接起来形成城市活动系统。因此,作为城市移动—活动系统研究和相关问题解决的统一框架,人类活动分析法已经成为研究城市居民日常活动空间的重要理论方法。

活动分析法的概念有狭义和广义之分。狭义的活动分析法是指城市交通领域基于对出行行为的研究的活动分析法,即在一系列活动背景中,考虑个体或家庭出行模式,同时强调时间和空间制约在出行行为中的重要性。其概念重点是城市居民的出行需求是居民为了满足个人或者家庭需求,参与相隔一定距离的场所上发生的活动而派生出来的一种需求,而不仅仅是为了出行而出行。在行为地理学中人类活动分析法被推广到更广泛的层面。广义的人类活动分析法是指通过对居民日常活动规律的分析来研究人类空间行为及所处城市环境的一种研究视角(柴彦威等,2008)。在这里,通过日常活动研究,将城市居民的行为放置于一个大尺度环境以及时空结合的背景下,通过活动、反应等微观个体的空间行为来研究整个城市空间系统。在活动分析法的框架下,活动被作为一种常规发生的习惯行为,活动模式则由个体时间预算、活动发生的地点以及不同活动之间的出行等活动规律所定义,城市居民日常活动空间构成城市活动系统。Chapin(1974)指出,"如何描述和解释城市中的生活方式,人们是怎样参加各种不同日常活动、扮演不同的角色并具有个体独特的态度"是活动模式研究中的核心问题。因此,活动系统中的活动—移动行为的时空特征、活动的决策机制等是研究需要解决的问题,行为地理学和时间地理学中关于行为空间和活动空间的研究是活动分析法的重要理论方法基础。

2.3.4 时空行为方法论启示和小结

自20世纪60年代以来,行为学派经历了半个多世纪的发展壮大,已经形成强调主观偏好和决策过程的行为主义地理学、强调客观制约和时空利用的时间地理学、强调活动—移动系统和规划应用的活动分析法等多视角的方法论。其中,行为地理学和时间地理学是理论基础,活动分析法是研究方法。成熟的时空行为方法论为本书分析框架的构建提供了方法论和理论基础,在分析低收入群体社会空间分异时,认同个体的时空行为和活动空间受客观和主观双重制约,尤其关注时空制约下低收入群体日常活动呈现的节奏规律,及其对城市资源的利用。

2.4 活动空间理论

活动空间是理解个人行为及其与城市空间交互作用的重要概念和理论,围绕活动空间已经发展出关于概念、活动空间分异、个体可达测度等多角度的议题,并且形成从微观角度测度社会空间分异、社会排斥和社会公平的研究理论和方法论。以下围绕活动空间概念、活动空间分异理论、活动空间的刻画、基于活动空间的个体可达性测度等方面进行阐释。

2.4.1 活动空间的概念

在分析城市空间结构对个体行为的影响时,学者们将个体行为空间分为感知行为空间(perceptual action space)、潜在活动空间(potential action space)和实际活动空间(actual action space)(Dijst,1999;Horton et al.,1969)。其中感知行为空间是居民主观的活动空间范围,而潜在活动空间和实际活动空间则是居民客观的活动空间范围。

感知行为空间又称意象地图(mental map),是居民主观的潜在活动空间的外部边界,它可以被定义为包含大多数个体活动目的地的区域,也可以被定义为个体的个人领地。美国城市规划学者凯文·林奇在其著作《城市意象》中将城市形态归纳为五个要素:道路、边界、区域、节点和标志物,并认为人们对城市的认识及形成的意象,是通过对城市的环境形体的观察来实现的。城市形体的各种标志是供人们识别城市的符号,人们通过对这些符号的观察,逐步形成对城市空间的认识,城市环境的符号和结构越清晰,人们就可以更容易识别城市。潜在活动空间的概念基于时间地理学理论,衡量的是个体在一定时空制约下可以到达的最大空间范围,潜在活动空间体现个体日常生活中的时空可达性。实际活动空间(actual action space)在很多英文文献中也被称为活动空间(activity space),是城市日常活动系统研究中最常用的概念,其定义为"个体在日常活动过程中所访问的所有地点的集合",可以用来描述个体对城市空间的实际利用情况和移动能力(Golledge et al.,1997)。2000年以后,越来越多的研究开始关注居民日常活动空间的不同维度(如活动空间大小、出行时间、访问地点数目等)所反映的时空制约和可达性,并将其和社会排斥、交通公平、社会空间分异等热门议题联系起来。因此,本书关注的重点是日常活动空间中的"实际活动空间"范畴,即不仅关注活动空间本身的特征,还关注个体活动空间和城市空间之间的互动关系。

2.4.2 活动空间分异理论

居住空间以外的社会空间分异是行为地理学在20世纪70年代的核心命题,目前在学术界仍然是一个热门议题。随着时间地理学和行为地理学方法和理论的深入,越来越多的研究指出,人们不仅会经历居住隔离,还会在非居住空间被孤立、排斥和隔离。这是因为不同社会个体和群体差异化的价值观、偏好、生活方式、社会网络等,会导致他们日常的活动空间(如工作、购物、休闲等)有很大的差异。不同社会群体不仅会居住在不同的城市空间,还会经历非常不同的日常生活,个体活动目的、活动地点、活动时间、出行方式等不同,会导致即使居住在同一区域的不同个体,也可能会有非常不同的日常活动轨迹(Wang et al.,2012)。一些弱势群体,如少数族裔、残疾人、低收入者、女性等弱势群体在日常活动中往往有被排斥和孤立的消极空间体验（Kwan，2008；Tan et al.，2017）。Kwan（1999）对不同性别的城市居民日常活动的时空棱柱进行分析，发现女性的日常活动空间和男性相比存在显著差异，活动空间的可视化及量化分析为揭示社会中的性别不平等提供了新的研究视角。有特权的人（如高收入者、高社会地位者）在现代都市圈中被赋予了巨大的社会空间优势，这不仅体现在他们可以拥有区位好、环境优美的住宅，还体现在他们拥有"优质的社交网络空间"（Atkinson，2006），包括精心设计的封闭场所（家庭、工作场所）以及私有化的专用设施（如私家车、头等舱等）。所有这些地方、设施和机构在日常生活中把富人与穷人隔离开来，Atkinson和Flint（2004）将日常生活中的分异现象描述为"分离的时空轨迹"。

活动空间是个人进行大部分日常活动的空间，是个人和环境直接接触的空间范围，活动空间代表人们获取信息并将这些信息与其生活环境相联系的重要过程（Horton et al.，1969）。在个体日常生活的时空语境下，个体对城市空间的利用可以用个体的活动空间来刻画。因此，基于时空视角的社会空间分异研究其实就是利用个体活动空间，从日常活动行为的角度解析社会群体对城市空间的使用，以及这个过程遭遇的社会空间隔离和排斥，值得注意的是，这里的"社会空间"其实是日常活动空间的多种行为空间的集合。基于活动空间的社会空间分异在方法上明显区别于传统的基于场所（家、工作地）的社会空间分异，它采用的是基于个体的时空行为，是一种以人为本的分析方法。

在概念内涵上，活动空间是一个具有空间、时间和认知维度的多维空间概念，个体之间活动空间的差异可以通过这些维度来确定。例如，凯文·林奇在《城市意象》中提出，在空间维度上，个体的活动空间由节点、路径和区域组成，这些元素的数量和形状取决于个人如何利用城市空间。行动能力有限的个体的活动空间可能是一个狭窄的连续空间区域，而行动能力较强的个体的活动空间则是一个分散的、由高速运动的线性廊道连接起来的、分散的、零散的区域集群。在时间维度上，有些人在外面的时间可能比在家的时间多；一些中低收入群体可能需要花费更多的时间来谋生，因此用于娱乐的时间会减少。在空间感知维度上，在活动空间中拥有相同路径的个体可能对这些路径有不同的感知。例如一条去超市的路，行人或骑自行车的人可能熟悉沿途的房屋和花园，因为他们有更多的时间，或者可以在路上的任何时间或地点停下来观察；对于驾驶私家车出行的人而言，驾驶人可能只对道路和十字路口有印象。

由于活动空间的内涵具有多维性，因此其对个体差异的敏感性，对活动空间的差异分析成为揭示社会空间隔离的重要工具。一方面，活动空间体现了个体对城市环境体验的广度，活动空间的范围会影响个体可能交往的人群类型。如果不同的社会群体的活动空间差异显著，那么说明他们有明显不同的日常生活领域，空间上表现为活动空间重叠较少，城市空间利用不同，相互之间交流的机会较少。另一方面，个人的活动空间也反映了他们对各类城市空间和设施的实际使用。个体在城市空间和公共服务设施的可达性上的差异是解释社会空间隔离的重要因素。然而，应该注意的是，个人的活动模式和其城市空间的使用方式也取决于个人偏好，因此活动空间的差异不能作为潜在的社会空间不平等的直接因果反映,还需要结合其差异的实际后果和影响因素进行分析。总体而言,活动空间是衡量个体在城市日常生活中的社会空间位置和关系的有效尺度,活动空间可以作为评价社会空间分异和社会排斥程度的重要评价标准。

在行为空间研究中,尽管个人因素在其对外在客观空间结构的感知过程中起到重要作用,但是个体的居住位置仍然是日常活动空间最重要的因素之一(Kwan, 2002)。因此,时空行为视角下的社会空间分异需要考虑居住地的地理位置对个体日常活动节奏和活动空间的影响,换言之,对低收入群体的社会空间分异研究不仅要关注整体层面不同收入群体日常生活呈现的时空特征,还要考虑不同区位下的低收入群体内部的异质性,考虑不同区位、住房的低收入居民的社会空间特征及可能存在的差异。

2.4.3 活动空间的刻画

活动空间是个体日常活动过程中所访问的所有地点的集合,反映个体日常生活在城市空间中的暴露程度,在分析个体活动空间特征和个体活动与城市空间的交互关系时,需要对个人的活动空间做出科学的刻画。目前国内外研究中,刻画个体活动空间的方法主要有标准置信椭圆(standard deviational ellipse)法、最小凸多边形(minimum convex polygons)法、基于GPS路径的缓冲区(GPS trajectory buffers)法、核密度(kernel density surfaces)法等(Kwan et al., 2015)。对微观个体活动空间的刻画,是理解个体活动空间范围特征、微观层面理解不同社会群体间的社会空间分异的基础(Kwan et al., 2015)。

1) 标准置信椭圆法

置信椭圆类似于单变量分布的置信区间,它能够以一定的概率(如95%)找到个体所有活动点的最小可能分布区域(Gesler et al., 1988)。本质上,置信椭圆是以被调查者一定时期访问点的平均几何中心为中心(x、y坐标的平均值)的函数。椭圆所覆盖的区域代表个体活动空间范围(Newsome et al., 1998)。需要注意的是,这个方法要求被调查者汇报的活动点的数量大于或等于3个,且均不成一条线。

2) 最小凸多边形法

凸多边形被定义为一个内部为凸集的简单多边形,其特征为所有内角小于等于180度;任意两个顶点间的线段位于多边形的内部或边上;多边形内任意两个点,其连线全部在多边形内部或边上。最小凸变形则是基于被调查者的活动点生成最小面积的凸多边形,由于凸多边形的特性,在使用该方法刻画活动空间时要求被调查者必须有不在同一条直线的三个访问点。

3) 核密度法

核密度法又称为密度插值法,是指基于受访者报告的活动点,使用一定的数学算法进行空间插值,侧重表达活动在空间中的分布特征,在活动的空间集聚可视化表达方面尤其有优势,但是其缺点是不能划出具体的活动空间范围,因此难以对不同个体的活动空间特征进行定量比较。

4) 基于GPS路径的缓冲区法

基于GPS路径的缓冲区法是基于被调查者报告的活动点进行网络分析,推断可能的出行路线（一般为最短路径），进而对出行路线进行缓冲分析刻画活动空间，比较常见的有 300 m 路网缓冲区、500 m 路网缓冲区等。这种方法在设定缓冲区范围的时候主观性较强，且对采集的数据点的精度要求较高。

标准置信椭圆法、最小凸多边形法、基于 GPS 路径的缓冲区法等是刻画个体活动空间的常见方法，已有研究对不同活动空间刻画方法进行对比分析，一般认为任何一种方法都有其优缺点，在实际应用的时候需要根据课题的研究内容、研究数据特征、研究目标等确定（Sherman,et al. 2005）。本书将采用标准置信椭圆法来刻画个体的活动空间，一方面该方法发展历史最悠久，是实证研究中用于活动空间刻画的最常见方法之一，目前在国内外应用已经相当广泛，国内已有不少利用椭圆法刻画特殊社会群体活动空间的实例，选择该方法便于和类似研究结果进行比对；另一方面，椭圆法已有软件或插件可以基于个体活动访问的地点信息直接生成椭圆（活动空间），相对而言操作较为简便。

2.4.4 基于活动空间的个体可达性测度

在时间地理学的理论框架下，个人的活动空间是个体基于各种制约下的日常活动范围（Schönfelder et al., 2003; Cass et al., 2005），个体活动空间可以被看作是一个人自己的出行环境（travel environment）或建成环境（built environment），这个环境具有时间和空间维度，是动态变化的，反映个体在受到各种制约下的城市空间利用范围，因此，位于一个人活动空间内的城市机会（如公共服务设施、城市空间等）可以认为比活动空间之外的城市机会更有可能获得和使用，而位于一个人活动空间外的城市机会则被认为该个体较少有机会使用和获得。基于活动空间的个体可达性测度正是基于以上基本认识开展的。

国内外已有大量研究尝试采用多种指标，如活动空间的大小、可到达目的地的数量、分配给各种活动的时间、可获得的城市机会数量等，来捕捉不同社会群体的日常活动模式。例如，Kwan（1999）发现，女性比男性获得城市机会的机会更少。Casas（2007）的研究发现，年轻、家庭规模小、有驾照、工作稳定、生活在城市的残疾人有更多参与社会活动的机会。Tan 等（2017）发现回族的民族特征对他们的时空行为有显著的影响。这些研究表明，社会弱势群体（如妇女、穷人、老年人、儿童和残疾人）更有可能在获取城市资源方面处于劣势（Kwan, 1999; Casas, 2007）。基于活动空间的可达性测度主要是基于对个体活动空间范围内社会机会数量和质量的评估而开展的，这种微观的、考虑个体制约的可达性评估有很强的个体敏感性，不仅可以分析不同社会群体之间的时空可达性的差异，还能有效捕捉特定社会群体内亚类的时空可达性的差异，"活动空间的环境特征可以提供更准确和全面的环境暴露特征"（Zenk et al., 2011）。

2.4.5 活动空间理论启示和小结

活动空间是个人进行大部分日常活动的空间，可以看作是行为空间的子集。活动空间代表了个人和环境的直接接触，这种接触对于人们形成和划定自身行为空间范围起到重要作用，同时活动空间反映个体在各种制约下的日常活动空间范围和对城市空间的利用范围,代表人们获取信息并将这些信息与其生活环境相联系的重要过程(Horton et al.,1969)。因此,活动空间是理解个人行为最主要的方面,其研究问题集中体现行为空间研究中的关键议题。

活动空间理论是开展本书研究的重要理论基础和方法论基础,本书在分析个体和城市空间关系时,以个体活动空间的刻画为突破点,重点考察个体活动空间和城市空间之间的关系,包括对不同类型城市空间的利用、公共服务设施的可达性等。值得注意的是,在行为空间研究中,个人因素在其对外在客观空间结构的感知过程中起到重要作用,而个人的居住位置成为最重要的节点。国内城市大多经历了老城到新城的扩张式发展,不同收入群体的居住空间在宏观城市层面呈现出较高的包容度,而城市资源和居住区位密切相关,会直接影响居民日常活动空间。因此,对低收入群体活动空间的研究,不仅要关注整体样本中低收入群体和非低收入群体之间的差异,还需要关注在控制住区变量时,居住在同一区位的低收入群体和非低收入群体的活动空间差异。

2.5 理论框架构建

通过以上分析可知,社会的分层结构是社会关系的基本界线,社会分层结构决定了不同社会群体的社会活动范围和所拥有的社会机会,占有优势的社会群体可以通过各种机制排斥来自其他群体的成员,维持甚至增强其所属群体的优势,这种社会阶层分化在空间上的结果不仅表现为居住空间的分异,还有可能表现为休闲、购物、工作等其他活动空间的分异。

微观层面的活动空间分异研究,大多聚焦个体可达性、社会排斥、时空行为差异等,是时空行为和行为空间研究的重要内容,也是解释社会公平的重要内容之一。行为学派已经形成强调主观偏好和决策过程的行为主义地理学、强调客观制约和时空利用的时间地理学、强调居民活动—移动系统和规划应用的活动分析法等多视角的方法论,为本书研究的展开奠定了方法论基础。

活动空间是个人进行大部分日常活动的空间,反映个体在各种制约下的日常活动空间范围和对城市空间的利用范围,是理解个人行为最主要的方面。目前活动空间的刻画有标准置信椭圆法、最小凸多边形法等多种,根据研究内容和数据特征选取合适的方法可以刻画出个体的活动空间,通过对个体日常活动空间特征、个体活动与城市空间的交互关系等内容的研究,可以反映出个体层面的活动空间分异和社会排斥等。

基于以上分析,本书构建了基于时空行为的大城市低收入群体社会空间分异理论框架,如图2-4所示。本书将以时空行为方法论和活动空间理论为基础,围绕个体时空行为特征、个体活动空间特征、个体对不同城市空间的利用、个体设施可达性等对社会空间分异和社会排斥进行分析。值得注意的是,居住区位和居住区建成环境是影响居民日常活动空间的最重要因素之一,因此时空行为下的社会空间分异不仅需要总体考虑不同收入群体的活动空间分异,还需要考虑不同城市区位的不同收入群体的活动空间分异。

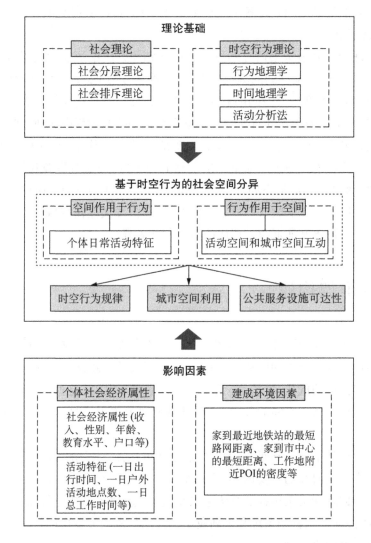

图 2-3　城市低收入群体日常活动的社会分异研究理论框架构建

*资料来源:作者自绘

第3章 研究设计和基本概况

本章为研究设计章节,旨在对案例城市的居住空间演变、低收入群体居住空间特征进行初步分析的基础上,设计行之有效的调研方案。本章主要分为三大部分:首先,选取案例城市并分析其居住空间总体演变概况,提取低收入群体居住空间的主要特征,为下一步的案例选择奠定基础;其次,从调研方案、研究范围、调研社区选取、问卷设计、数据库构建等方面解释本书的研究设计;最后,基于调研数据对南京市不同低收入群体的社会经济属性特征进行描述,为后续的实证分析提供基本的前提和认知背景。

3.1 案例城市选取及概况

3.1.1 案例城市选取

本书选择南京作为案例城市,主要基于以下几点考虑。首先,南京是江苏省省会,为长三角地区第二大商业中心;作为东部最重要的大城市之一,南京既不像北京、上海、广州等一线城市那样受到强力外资推动,也不像东北老工业城市那样衰落,南京城市发展代表着中国城市更加渐进性过程,选择南京作为案例城市具有大城市发展历史的典型性和代表性(吴缚龙,2007;宋伟轩等,2010)。其次,南京是学界进行社会空间实证研究的主要城市,自20世纪90年代以来累积了大量社会空间研究成果,因此可以作为本书研究的基础和佐证,以便于和以往的研究成果进行比较。此外,笔者长期在南京学习生活,在参加南京贫困空间的社会调查时对低收入群体的生活状态建立了大量直观认识,而且所在的研究组在长期对南京城市空间的研究过程中积累了十分翔实的南京地理信息基础数据,包括南京路网、公交线路、公共服务设施布点、土地利用等空间数据,这些资料为本书研究的展开提供了重要的基础性数据。

3.1.2 南京低收入群体居住空间发展及启示

中国社会空间分异和贫困空间的产生主要受宏观国家政策的深刻影响,如经济体制转轨、住房制度改革、城市规划思想转变等,同时居民自身经济实力也直接决定其是否能够充分行使自主择居权,是否有能力占据城市空间的优势区位(Wu et al.,2005;冯健等,2008;单菁菁,2011)。本小节将以南京作为典型案例城市对中国城市居住空间,尤其是低收入群体居住空间的演变进行分析,为下一步典型案例社区的筛选提供理论依据。

1) 民国时期的南京居住空间

南京是民国时期的首都,在土地和住房私有化的背景下,其居住空间分异与特权阶层和政治中心的空间分布有密切联系。政治经济形态以制度体制的形式确定居住分异的社会化内涵,城市中的地缘社会关系与居住空间布局取决于不同社会群体的社会地位及其对城市空间的支配能力。拥有优势社会资源的社会特权阶层享有良好的居住环境,而中低层的普通居民的住区多和商业或手工作坊混合。民国时期的南京居住空间形态受社会经济和政治权力的双重制约和影响,形成了颐和路一带高档别墅、花园洋房公寓区和城南低收入破旧衰败传统住宅、棚户区相冲突的城市景观。

2) 计划经济时期的南京居住空间(1949—1987)

计划经济时期,我国实行计划经济体制,在人人平等的发展思路下,城市社会阶层结构分化不明显,城市社会空间的分化极其有限,城市空间形成了一种低水平的均质化格局。这一时期,单位作为社会空间的基本单元,组织着人们的日常生活,单位不仅为工人提供了工作,还为他们提供了住房、购物、教育、医疗和娱乐等一系列"福利包"(welfare package)。在"用围墙划分居住区"的思想下(Bjorklund,1986),大多数单位被围墙分隔成一个个独立的空间单元,这种类似细胞的独立空间构成城市空间结构的基本单元(Ta et al.,2017)。这些单位大多分布于城市内靠近市中心的不同区域,工人在其所属的单位大院内开展一天几乎所有的日常生活(Bjorklund,1986;Bray,2006)。这种平等主义的城市政策为不同的社会经济群体在城市中心附近创造了一个相对同质的生活环境以及差异较小的城市空间结构(Yeh et al.,1995;Liu et al.,2006;Gu et al.,2005)。这一时期,尽管居民的住房存在一定程度的差异,如不同单位拥有土地资源和住房资源机会的不均等,单位内部论资排辈分配住房(Logan,1993,2001),但总体上看,这一时期各单位工人的生活空间上的分化并不显著,城市居住空间呈现相对均质的分布格局。同时,同一单位社区内的人员在社会经济地位方面相差不大,因此单位制度社会空间结构较为单一,不同收入群体的居住生活水平呈现均质的低下。计划经济时期导致中国社会空间差异的主要因素是单位制度,而非经济因素,社会空间分异体现在空间上是土地利用的差异(Gu et al.,2005)。

这个时期,南京城市空间基本延续了民国时期的居住格局,在工业优先和社会均等的指导思想下,国家通过住房公有化、低租金配房、统一的住房投资体制和福利型分配制度,缩小了新中国成立前的居住空间分化程度。住房建设以国家投资为主,以单位立项的形式组织并建设,形成了独特的"单位制"自给自足的社区形式。这一阶段,居民在居住空间选择中处于被动和从属地位,在居住空间分布和区位选择上单位类别和权力等级起主导作用,居住空间分异主要体现在单位内部住宅面积标准和楼层差异上,形成的城市空间格局是南京城南和城西的部分地区以及主城内的一些传统民居和街道仍然是城市低标准住宅的集中分布区,也是"老南京人"、回城知青、制造业工人住宅和城市边缘区"农转非"家庭等城市低收入或贫困家庭的集聚地。

3) 转型期(1987—至今)的南京居住空间

中国社会经济转型始于1978年的对外开放和农村改革,城市社会经济转型以1987年国家实行城市土地有偿使用制度为标志。经过三十余年的发展,市场经济逐渐取代计划经济成为中国经济制度的主导力量(Gu et al.,2005),这个阶段,随着社会经济的快速发展和城市规划观念的转变,我国城市空间形态和居民生活方式发生深刻变化。

20世纪80年代,为了应对城市的快速发展和下乡回城居民的住房需求,地方政府建设了大量的单位小区(一般称之为单位单元),这些单位小区多靠近市中心或内城边缘区,内部有较完善的设施配套。但是居住在这些社区的居民可能来自不同的工作单位,不同个体在生活方式和活动空间上开始出现较大的差异(Ta et al.,2017)。1990年以后,国家主导的城市发展开始遵循市场规律安排土地利用,市场经济发挥越来越重要的作用,房地产蓬勃发展,共同参与城市景观的塑造,具体表现为老城传统街区的更新和绕城高速以外郊区空间的蔓延(祝俊明,1995)。一方面,内城大量破旧住房被拆迁并置换成高档住宅和商业娱乐设施,一些传统邻里和单位住区由于权属复杂,人口密度大,拆迁安置费用高则被部分保留下来,形成典型的中低收入传统邻里和衰退单位社区。这些老旧社区的建筑往往因缺少维护成为危房,且普遍存在基础公共服务设施缺失的现象。一些经济条件较好的家庭通过购买商品房的形式迁出,遗留在原社区的居民多为老人、下岗失业人员或来宁务工的流动人口。另一方面,城市向郊区扩展的过程中,在近郊区建设了大量商品房住宅以满足中高阶层的住房需求。1998年7月,国务院发布《关于进一步深化城镇住房制度改革加快住房建设的通知》,宣布全面停止住房实物分配,实行住房分配货币化,并首次提出建立和完善以经济适用住房为主的多层次城镇住房供应体系。该通知标志着单位制度正式退出历史舞台,国家建立起面向中低收入群体的经济适用房和面向中高收入群体的商品房的二元住房供应体制。2000年以后,中低收入居民住房短缺问题突出,为了解决城市中低收入居民的住房问题,同时也为了安置主城区拆迁的城市居民以及郊区扩建过程中的失地农民,国家开始大规模建设保障房社区。出于节约成本和增加财政收入的考虑,这些保障房社区几乎全部选址在远离市中心的边缘郊区。

南京自2002年起开始大规模建设保障性住房。据不完全统计,至2011年底共规划(建设)保障性住房项目100多个,总规划建筑面积超过4 000万 m^2,提供住宅百万套以上。这些保障房住区往往规模较大,集中连片分布,尤其是从2010年开始,政府在远郊区规划建设了4个超大型保障房项目,单个项目建筑面积可达200万~300万 m^2,号称"城市住宅大型区"(郭菂等,2011;王承慧等,2017),位处城市边缘区的大型保障房住区已经成为城市中低收入群体最重要的聚居空间之一。大规模的保障房建设在一定程度上解决了中低收入群体的刚性住房需求,客观上改善了安置户和失地农民的居住环境,但是这些建设在边缘郊区的保障房社区周边公共服务设施不足或质量一般,大规模的保障社区建设不仅没有缓解城市内部的居住空间分异现象,反而由于和中高收入居住的普通商品房存在建成环境和居住人群的双重差异,不同收入居民的生活空间的分异进一步加剧。

学者们基于多种数据和方法对转型期的南京市贫困空间布局及居住空间分异现象进行了分析(陈果等,2004;刘玉亭等,2006),其结论较为一致:在整体城市的空间尺度上,南京市并没有出现西方发达国家贫困人口明显集聚的现象,其低收入群体的居住空间的整体分布特征可以概括为"大分散,小集中"。具体而言,南京城市低收入群体杂居在城市的各个区域(中心区、商业区、行政区、郊区等),城市贫困人口在城市各个行政区的比例都比较低,贫困属性因子在街道尺度上空间自相关性不强,但是邻里层面存在一定的贫困集聚,这些贫困人口相对集中的片区主要有城北沿江地带传统工业区(如幕府山街道、宝塔桥街道)、城南老城衰退居住区(如双塘街道)、外城区的大型保障房片区(如马群街道、铁心桥街道等)、西南部典型的产业工人居住区(如莫愁湖街道)。

南京居住空间的发展是中国城市居住空间发展的一个缩影,在历史路径依赖和城市更新再开发的双重作用下,南京目前形成了老城传统住区、内城工人新村、外城保障房社区以及城市边缘区的城中村等多种低收入群体相对集中的聚居空间(郭菂等,2011)。值得注意的是,2000年之后南京政府一直致力于清除城区的城中村,2005年南京市政府颁布《南京市政府关于加快推进"城中村"改造建设的意见》(宁政发〔2005〕214号),提出分三个阶段对南京6个城区及栖霞区、雨花台区等江南八区的城中村进行改造,消除近郊的违章搭建,加强居民集中区的城市基础设施建设,并防止新的城中村产生。由于当前城中村数量不断锐减,南京城中村并非是城市贫困空间研究的主要观察对象,因此,可以认为,南京最主要的中低收入群体集聚的邻里类型分别是衰退的老城邻里、退化的单位社区和郊区的大型保障房社区,目前国内城市贫困的研究重点也主要集中于这几类社区。

4) 低收入居住空间发展小结和启示

① 整体城市空间上具有"大分散,小集中"特征

中国城市整体的居住空间模式表现为,无论是在城区还是在郊区,都有低收入居住区和中高收入居住区分布,不同阶层间的居住隔离在城市空间上有很大的容忍度,这和大多数西方发达国家的"富裕郊区,衰退内城"的贫富极化的居住空间分异有明显差异。就贫困空间演化趋势而言,随着城市住房体制改革的逐步完成和住房商品化和私有化进程的推进,中国城市的贫困空间将会呈现相对集中分布的趋势,即贫困家庭首先向低价低廉的城郊结合带集中,然后在城市中心区的外围形成贫民区。就低收入群体的聚居空间而言,城市贫困人口在整体城市空间范围并没有出现明显的结节点,整体呈现弥漫性面状扩张,但是在社区层面相对集中,呈现"大分散,小集聚"的特征。

② 低收入群体居住空间由中心到边缘,由分散到集中

2000年以后,伴随内城危旧房改造和城市更新进程的推进,城市居住空间格局发生很大变化。其一,主城空间开始大规模的拆迁和功能置换,大量贫困家庭不断从城市主城区迁出,部分地块被重新开发为高档公寓或花园洋房。中产阶层和富裕家庭逐渐占据了内城区,内城更新和绅士化同时进行。其二,内城的更新避开了安置费用较高的单位住区

和老城传统社区,这些社区缺少维护资金,居住环境不断恶化,大量中高收入居民不断迁出,这两种社区成为事实上的低收入居民聚居地。其三,为了解决城市中低收入人群居住问题,同时为城市建设拆迁户提供补偿性住房,地方政府开始大规模建设保障性住房以满足拆迁户的补偿性住房和中低收入群体刚性居住需求。出于对节约土地成本、增加土地财政收入等因素的考虑,保障房住区往往被规划建设在城市边缘地价相对低廉的地段。从贫困空间重构角度来看,原本分散居住在内城区的城市贫困群体在拆迁安置过程中,由于获得的补偿远不足以购买原地新建的商品房,几乎不可能原地回迁,最终只能被动搬至郊区。内城绅士化和保障房郊区化的直接后果就是,拆迁安置导致内城区贫困空间发生由中心到边缘、由分散到集中的重构,且这种贫困空间边缘化过程具有强烈的不可逆性,很可能导致贫困阶层在较长时间内被固化在城市边缘,持续强化低收入阶层的边缘化。

③ 城市贫困人口在邻里层次集聚并产生多种类型的低收入邻里

居住空间分异在很大程度上是人们的经济社会地位在城市空间上的投射,拥有不同经济收入、社会资源、社会地位的群体共同建构的结构体现了社会各阶层的差异性。在城市居住空间分异的过程中,在市场和政策的双重"过滤"下,以下岗职工为代表的城市贫困人口和以农民工为代表的外来贫困人口逐渐聚居在破旧的老城区、边缘郊区、城乡接合部的棚户区(单菁菁,2011),2000年之后大规模的保障房建设使得郊区保障房社区成为新的贫困集聚空间,至此,城市内形成多种建成环境和人口组成有差异的低收入邻里(刘玉亭等,2006)。就南京市而言,由于近二十年政府对城中村的大力改造,其住房数量不断锐减、物质空间不断整改,因此城中村并非是南京贫困空间研究的主要观察对象。

综上,南京中低收入群体相对集中分布的邻里类型分别是老城传统邻里、内城衰退单位社区和郊区大型保障房社区。由于这几类住区形成的历史背景不同,其中居住的低收入群体也分化成为该社会群体内部的亚类,因此,在研判低收入群体和非低收入群体社会空间分异时,不仅需要将低收入群体和非低收入群体的活动空间和活动规律进行比较,还应关注低收入群体内部异质性,对其内部不同亚类经历的社会分异和排斥分别探析,以期为提升低收入群体活动空间质量的规划策略提出提供依据。

3.2 研究设计

3.2.1 调研方案

根据以往研究经验,在案例选择时,首先筛选在区位、建成环境、类型等方面具有典型性的社区,然后再筛选其中符合条件的个体进行案例研究(兰宗敏等,2010;周素红等,2017)。因此,根据上一节对调研城市低收入群体的居住空间发展、形成机制、社区类型等内容的回顾分析,本节将在此基础上选择具有代表性的案例社区,首先进行小样本的试调研,然后对试调研获取的数据进行录入和分析,根据小样本数据的分析结果对原始选取的案例、问卷内容等进行修正,最终确定案例社区并对选定的社区进行全面的社会调查(图 3-1)。

图 3-1　社会调查思路
*　资料来源:作者自制

3.2.2　研究范围

居住区位对居民的行为活动有重要影响,在分析城市不同收入群体社会空间分异时需要考虑居住区位对研究结果可能造成的影响。已有的研究证明,南京城市为单中心圈层结构,其公共服务设施主要集中于主城区,就业机会也集中在主城区(王波等,2011)。参考宋伟轩等(2010)对南京城市空间划分的方法,同时考虑南京城市当前空间发展情况,本书按距离市中心的远近将南京城区划分为 3 个圈层:明城墙以内的城市空间为老城区,城墙以外绕城公路以内的城市空间为内城区,城墙和绕城公路以外的城市空间为外城区(郊区),在选择调研案例时需要考虑社区所在的城市区位。另外,由于六合区、高淳区、溧水区的城市发展水平、轨道交通设施、公共服务设施配套等和主城区存在较大差距,因此本书的研究范围只包括玄武区、秦淮区、建邺区、鼓楼区全部以及浦口区、江宁区、栖霞区、雨花台的大部分辖区,涵盖南京城区主要建成范围。

3.2.3　调研社区选取

综合考虑社区在城市空间的区位、所属行政分区、建筑年代、建筑形态、低收入居民比例等,同时也受限于人力和物力,笔者于 2016 年 10 月在实地考察后初步选择了 8 个社区作为备选案例,并对其展开了问卷预调研和数据预处理,结果发现其中 2 个 2000 年后新建的商品房住区低收入群体比例过低,难以支撑研究计划中的社区层面不同收入群体时空活动的对比分析①。考虑样本数量过少会引起统计误差,在排除这 2 个商品房住区之后,最终选取了 6 个特征各异的典型社区作为案例社区②。这 6 个案例社区的相关概况如图 3-2 和表 3-1 所示。

---

①　这个情况和国内住房体制发展有关,1998 年以后国家实行二元住房体系制度,这类住房主要提供给中高收入阶层,低收入群体由于收入水平低下难以负担市场价格的普通商品房。

②　需要说明的是,案例小区的选取是在文献阅读、历史调查和实地走访等多轮考量后最终确定的,社区在城市方位(东南西北)、城市区位(老城、内城、外城)、社区类型、建成年代等方面符合南京住区的总体分布规律,如新中国成立前就留存的传统住区主要分布在老城南;计划经济时期的单位社区主要分布在南京内城。案例选取的南湖小区是南京 20 世纪 80 年代规模最大的单位社区,是南京贫困空间研究常用的案例社区之一(王侠,2004;Liu et al.,2006);景明佳园和百水芊城则是南京市 2000 年之后建设的"四大保障房片区"的其中两个。可以认为,所选的 6 个社区反映了南京低收入居住空间的一般发展规律,在这些社区中开展低收入群体的社会调查具有一定的代表性。

第 3 章 研究设计和基本概况

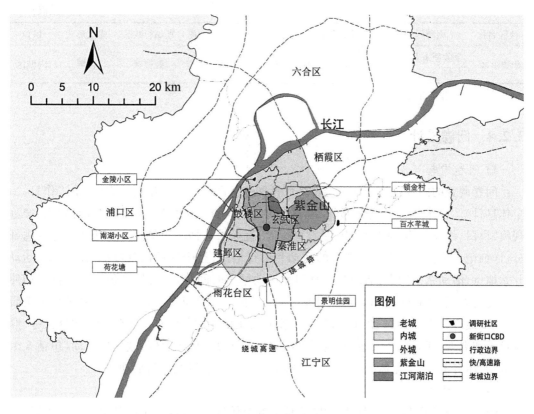

图 3-2 案例社区的区位图

*资料来源：作者自制

表 3-1 调研社区的基本概况

社区名称	调研居住区	建设年代	住区类型	所属街道	所属行政区	建筑形式	区位
锁金村	锁金六村	20 世纪 80 年代	单位社区	锁金村街道	玄武区	低层、多层	内城区
荷花塘	历史街区 13 条，分别为鸣羊街、水斋庵、孝顺里、磨盘街、同乡共井、殷高巷、鸣羊里、学智坊、谢公祠、高岗里、陈家牌坊、饮马巷、荷花塘	1949 年之前	传统邻里	双塘街道	秦淮区	低层	老城区
景明佳园	景明佳园一期、二期、三期	2003 年	保障房社区	铁心桥街道	雨花台区	中高层、高层	外城区
百水芊城	百水芊城、百水家园	2003 年	保障房社区	马群街道	栖霞区	中高层、高层	外城区
南湖小区	艺苑村、莫愁新村、西街头、水西门大街（107—159 号）、茶东九巷五号	20 世纪 80 年代	单位社区	南湖街道	建邺区	多层	内城区

(续表)

社区名称	调研居住区	建设年代	住区类型	所属街道	所属行政区	建筑形式	区位
金陵小区	金陵新五村、六村、七村	20世纪80年代	单位社区	宝塔桥街道	鼓楼区	多层	内城区

* 资料来源：作者自制

3.2.4 问卷设计

1）问卷构成

问卷调查的内容包括个体社会经济属性和连续两日的活动出行日志（一个工作日，一个休息日）。在个体经济属性部分，主要收集了被调查人的性别、年龄、家庭月收入、家庭规模、户口、汽车持有、家庭结构、受教育程度、就业参与情况等信息。在活动出行日志部分，详细记录了被调查者连续两日的活动和出行信息，其中活动信息包括活动类型、活动开始地点、活动结束地点、活动开始时间和活动结束时间等，出行信息包括该出行活动使用的交通方式、花费时间和交通费用等。调查中的日常活动参考以往研究，并结合本次研究目的，最终分为7大类13小类，包括工作和与工作相关的活动、家庭义务（包括家务、照顾孩子和老人）、购物、个人活动（包括吃饭和个人活动）、睡眠、休闲或娱乐活动（包括5个子类别：体育锻炼、文化休闲、观光旅游、社会活动、上网）以及出行活动。

2）调查对象

问卷调查对象为在案例社区中随机抽取的个体样本，因此样本中既包括低收入居民，又包括非低收入居民（即中等收入居民和高等收入居民），其中低收入居民为主要观察对象，非低收入居民为对比对象。本书在定义贫困线的时候综合参考了以往文献设定标准、南京本地最低保障线的设定标准，以及获取的数据特征等因素。具体思路如下：

由于不同城市和地区的经济发展水平不一，各个城市根据本地实际情况制定最低保障线来区分当地最低收入群体。《江苏省政府关于完善城乡居民最低生活保障标准增长机制进一步加强社会救助工作的通知》（苏政发〔2006〕137号）规定："按照当地上年城市居民人均可支配收入和农民人均纯收入20%～25%的比例，综合确定当年城乡低保标准。"国际贫困线标准的常见做法是以国家或研究地区居民可支配收入的平均数或者中位数的50%作为贫困线。可见，江苏省设定的低保线是在参考了国际贫困线标准并下调了比例的基础上，按照绝对贫困和相对贫困相结合的思路设定的。从南京近10年的低保线增长率可以发现（图3-3），虽然总体呈现稳定的上升趋势，但是对比总体城市居民收入，低保线仍然处于一个比较低的标准，正如沈立人（2005）所言，国内城市最低保障线的设置较低，使得很多低收入居民并没有被包含在其中。

就本书而言，如果将南京2017年的低保线（750元/月）设为贫困线，总样本中仅有43人属于低收入者，明显与实际调研访谈的情况不符。考虑到国内低保线标准设置普遍较低，样本过少会导致分析结果有较大偏差这一实际情况，本书采用同类研究常用的国际贫困线法来划定样本的不同收入群体。具体而言，首先以南京市2016年居民可支配收入

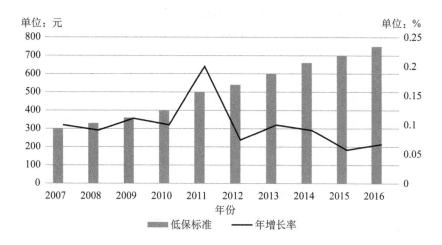

图 3-3　2007—2016 年南京主城区贫困线标准及增长率
* 资料来源：作者根据历年《南京市政府工作报告》整理绘制

的平均数的 50% 得到标准贫困线为 1 835.5 元；其次根据本书数据特点对贫困线进行调整，由于问卷调查时询问收入以整数为区间，因此为了便于编码和统计，最终本书将人均可支配收入 2 000 元/月作为贫困线标准。值得注意的是，家庭人口多是低收入家庭最典型的特征之一，在中国传统家庭观念下，主要家庭成员之间往往存在很强的互助关系，一些居民可能个人收入高，但是由于家庭规模大，实际经济负担很重，个人可支配收入并不多，生活质量也不够理想，本书仍然将其视为低收入者。因此本书的人均收入并非是被调查者个人的月收入，而是家庭人均可支配收入，由问卷中的"家庭总收入/家庭总人口数"计算得到。

3) 问卷调查实施及回收结果

本书研究范围覆盖南京都市圈八个区（鼓楼区、玄武区、建邺区、秦淮区以及浦口区、江宁区、栖霞区和雨花台区大部分），按照抽样调查和随机拦截调查相结合的方法抽取样本，被调查的活动如果超出研究范围则将该问卷视为无效问卷。

2017 年 3 月至 9 月，笔者及工作组同学对选取的 6 个社区，分别随机抽取 1% 至 2% 的社区人口进行随机面对面问卷调查。具体而言，由被调查者先填写问卷的社会经济属性部分，然后由调查者对受访者进行访谈并填写问卷的日常出行活动日志部分，其目的在于确保出行日志部分数据尽可能全面和完整。最终获得问卷 791 份，剔除回答不完整或活动点超出研究范围的问卷，最终得到有效问卷 774 份（有效率为 97.9%），其中低收入居民问卷 424 份，在有效问卷中占比为 54.8%，非低收入居民问卷 350 份，在有效问卷中占比为 45.2%。值得注意的是，随机样本中的低收入群体高于其他研究中南京案例社区的一般贫困率（30% 左右）（何深静等，2010），究其原因，主要是由于本书贫困线划定的标准较南京市低保线要高，这直接导致样本中有更高比例的低收入受访者。此外，受问卷调查的时间和受访者意愿等影响，样本中的老年人比例偏高。活动出行日志共记录了 18 726 项活动，如表 3-2 示，最终调研片区面积总和为 139.57 ha，总人口为 60 134 人，抽样人口为 774 人，总体抽样率为 1.3%。

表 3-2 调研社区抽样概况

序号	社区名称	社区面积/ha	社区居民数/户	社区常住人口/人	抽样率	问卷数量
1	锁金村	4.9（卫星地图测面积）	923	2 408	2.2%	52
2	荷花塘	12.6	4 120	8 129	1.5%	122
3	景明佳园	48.4	6 091	近 20 000	1.0%	193
4	百水芊城	43.0	4 949	13 038	1.5%	201
5	南湖小区	15.0	3 321	8 494	1.4%	119
6	金陵小区	15.67（卫星地图测面积）	2 052	8 065	1.1%	87

* 资料来源：作者根据居委会提供的资料自制

3.2.5 低收入时空活动数据库的建立

笔者所在的研究组对南京市用地性质、道路现状、山脉河流等城市地理特征信息进行处理并形成研究的基础底图，在此基础上，笔者基于问卷调查获得一手的居民（包括低收入居民和非低收入居民）连续两日的出行活动数据以及二手的 POI 数据等，构建了本书的空间数据库（图 3-4）。

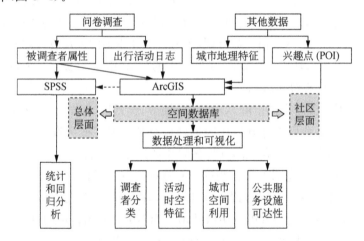

图 3-4 空间数据库构建示意图

* 资料来源：作者自制

由前面的理论研究可知，社区区位和社区类型及居民的活动模式密切相关，住在内城的居民必然会有更多机会利用内城空间，而居住在外城的居民多在郊区活动，因此在实证研究中，尤其要强调总体和社区两个层面社会空间分异的研究，当低收入群体和非低收入群体在总体层面和社区层面都表现出活动空间分异和社会空间排斥时，可以认为低收入群体处于社会资源分配的绝对弱势。考虑到区位是影响个体活动空间的最重要因素，受访者按照居住的地理位置可以被分成三种亚群（居住在老城、内城和外城），控制区位变量,对居住在同一区位的低收入群体和非低收入群体的社会空间进行分析,可以得到低收入群体的亚群的差异化活动规律和时空需求。基于以上思考,本书将同一区位的社区重新编号,以便实证研究中可以从总体和社区两个层面分析居民时空活动。具体而言,按照社区所在的区位,将6个调研小区分为三类:老城传统邻里,编号为N1,包括荷花塘一个社区;内城衰退单位社区,编号为N2,包括锁金村、南湖小区、金陵小区三个社区;2000年后新建成的郊区大型保障房社区,编号为N3,包括景明佳园和百水芊城两个社区。

3.3 样本基本概况

3.3.1 社会经济属性

社会经济属性和居民时空活动密切关联,本小节从总体层面和分社区层面对被调查者的人口属性等信息进行统计分析,了解总体样本和不同类型社区居民的社会经济属性特征。此外,对低收入受访者和非低收入受访者的社会经济属性特征进行比较分析,了解不同收入群体在家庭结构、性别构成、年龄结构、文化水平、汽车持有等方面是否存在差异。

1)总体层面

总体样本中(表3-3),男性和女性比例大致相同,年龄以30~59岁的中青年为主,60岁以上的老年人比例为28.7%,样本呈现明显的老龄化特征;75.8%的受访者持有南京户口,说明受访者大多为南京市本地居民;受访者总体文化水平偏低,约50%的受访者的受教育水平在初中及以下;家庭结构以两代和三代为主,这两类家庭结构占总样本的70.3%;总体就业率为73.8%;平均家庭规模为3.2人,人均汽车持有量0.2辆,略高于2019年世界银行发布的中国人均汽车持有量0.173辆。

表3-3 总体样本社会经济属性

变量	分类	合计($N=774$)		低收入($N=424$)		非低收入($N=350$)		p 值
		N	%	N	%	N	%	
性别	男性	400	51.7	197	46.5	203	58	0.001***
	女性	374	48.3	227	53.5	147	42	
年龄	16~29	123	15.9	47	11.1	76	21.7	0.000***
	30~59	429	55.4	237	55.9	192	54.9	
	≥60	222	28.7	140	33.0	82	23.4	
户口	有南京户口	587	75.8	325	76.7	262	74.9	0.562
	没有南京户口	187	24.2	99	23.3	88	25.1	
文化水平	初中及以下	365	47.2	250	59.0	115	32.9	0.000***
	高中	212	27.4	122	28.8	90	25.7	
	本科/大专	185	23.9	51	12.0	134	38.3	

(续表)

变量	分类	合计(N=774)		低收入(N=424)		非低收入(N=350)		p值
		N	%	N	%	N	%	
	研究生及以上	12	1.6	1	0.2	11	3.1	
家庭结构	单身	59	7.6	23	5.4	36	10.3	0.640
	夫妻	171	22.1	97	22.9	74	21.1	
	两代(含假三代)	274	35.4	145	34.2	129	36.9	
	三代及以上	270	34.9	159	37.5	111	31.7	
就业情况	有工作	571	73.8	208	49.1	248	70.9	0.000***
	没有工作	203	26.2	216	50.9	102	29.1	
家庭规模(均值)		3.2	—	3.3	—	3.1	—	
人均汽车持有(均值)		0.2	—	0.1	—	0.4	—	

注:p值为ANOVA检查结果,***$p<0.01$。
*资料来源:作者自制

不同收入居民社会经济属性差异明显,低收入受访者中的女性明显偏多,而非低收入受访者中的男性偏多;低收入受访者中老龄人口比例更高,16~29岁的青年比例则明显低于非低收入受访者;文化水平上,低收入受访者的文化水平显著偏低,初中及以下的居民约占到59%,大学及以上比例仅为12.2%;就业状态方面,低收入受访者中有工作(包括正式工作、临时工作、钟点工等)的比例仅为49.1%,而非低收入受访者中有工作的比例则达到70.9%,方差检验说明两个收入群体就业情况差异显著,低收入居民在劳动市场中处于劣势地位;在家庭规模上,低收入群体的家庭规模偏大,家庭负担更重;汽车持有上,低收入和非低收入受访者人均拥有汽车数量分别为0.1辆和0.4辆,可见低收入受访者的机动性明显偏低。此外,低收入受访者和非低收入受访者在南京户口持有和家庭结构上没有统计学上的显著差异。

2) 分社区层面

① 老城传统邻里(N1)

老城传统邻里包括一个案例社区——荷花塘社区。荷花塘社区由殷高巷、高岗里、鸣羊街等片区组成。在获取的122个居民样本中,非低收入受访者有52位,低收入受访者有70位,其经济属性分析如表3-4所示。

表3-4 老城传统邻里样本社会经济属性

变量	分类	非低收入(N=52)		低收入(N=70)		p值
		N	%	N	%	
性别	男性	27	51.9	35	50.0	0.835

(续表)

变量	分类	非低收入($N=52$)		低收入($N=70$)		p 值
		N	%	N	%	
	女性	25	48.1	35	50.0	
年龄	16～29	8	15.4	6	8.6	0.562
	30～59	29	55.8	44	62.9	
	≥60	15	28.8	20	28.6	
户口	有南京户口	32	61.5	43	61.4	0.990
	没有南京户口	20	38.5	27	38.6	
文化水平	初中及以下	23	44.2	38	54.3	
	高中	18	34.6	27	38.6	0.063*
	本科/大专	11	21.2	5	7.1	
	研究生及以上	0	0.0	0	0.0	
家庭结构	单身	6	11.5	2	2.9	
	夫妻	21	40.4	18	25.7	0.044**
	两代(含假三代)	15	28.8	31	44.3	
	三代及以上	10	19.2	19	27.1	
就业情况	有工作	33	63.5	36	51.4	
	没有工作	4	7.7	15	21.4	0.522
	退休	15	28.8	19	27.1	
家庭规模(均值)		2.7	—	3.2	—	0.011**
人均汽车持有(均值)		0.2	—	0.1	—	0.224

注：**$p<0.05$，*$p<0.10$。
* 资料来源：作者自制

老城传统邻里中，低收入受访者和非低收入受访者在性别构成上没有显著差异。年龄都以30～59岁中青年为主，老龄化水平相当。户口持有水平和总体样本相比偏低，说明老城传统邻里流动人口相对较多。两类收入群体的文化水平相对总体样本偏低，体现为本科/大专学历的受访者比例较低，没有受访者的学历在研究生及以上，低收入受访者的文化水平明显低于非低收入受访者。低收入受访者家庭以两代为主，比例为44.3%，此外还有27.1%的低收入家庭是三代及以上，而非低收入受访者家庭以夫妻和两代为主，分别占比为40.4%和28.8%，ANOVA检验显示，低收入受访者家庭规模明显偏大。在老城更新过程中，传统老旧邻里由于人口密度大、安置成本高昂，在一轮轮开发过程中被遗留，而社区内的低收入居民又没有经济实力实现迁居，最终结果就是祖孙几代都挤在狭小破旧的居住区里。在汽车持有上，低收入和非低收入受访者人均拥有汽车数量分别为0.1辆和0.2辆，但ANOVA检验显示没有统计上的差异。

② 内城衰退单位社区(N2)

内城衰退单位社区包括锁金村、南湖小区和金陵小区三个案例社区，参与调查的受访者有 258 人,非低收入受访者有 125 位,低收入受访者 133 位,其经济属性分析如表 3-5 所示。单位社区中的低收入受访者和非低收入受访者在性别构成、家庭结构和家庭规模上没有显著差异,但是在年龄结构、户口、文化水平、就业情况和汽车持有等方面有显著差异。低收入受访者中 60 岁以上的老龄人口比例(36.1%)远高于总体样本的老龄化水平,同社区的非低收入受访者老龄化特征也十分明显。低收入受访者中持有南京户口的比例、文化水平、就业率等都明显低于非低收入受访者,有高达 33.1%的低收入受访者处于退休状态,这和国有体制改革,下岗浪潮中产生大量下岗工人,失业造成大量原单位社区居民陷入贫困的实际情况吻合。在汽车持有上,低收入者和非低收入者人均拥有汽车数量分别为 0.1 辆和 0.5 辆,差异显著,这说明单位社区中的非低收入居民经济条件明显更好,机动化程度比较高。

表 3-5　内城衰退单位社区样本社会经济属性

变量	分类	非低收入($N=125$)		低收入($N=133$)		p 值
		N	%	N	%	
性别	男性	67	53.6	65	48.9	0.450
	女性	58	46.4	68	51.1	
年龄	16~29	15	12.0	11	8.3	0.097*
	30~59	76	60.8	74	55.6	
	≥60	34	27.2	48	36.1	
户口	有南京户口	106	84.8	91	68.4	0.002***
	没有南京户口	19	15.2	42	31.6	
文化水平	初中及以下	48	38.4	79	59.4	0.000***
	高中	28	22.4	36	27.1	
	本科/大专	44	35.2	18	13.5	
	研究生及以上	5	4	0	0.0	
家庭结构	单身	6	4.8	9	6.8	0.846
	夫妻	22	17.6	26	19.5	
	两代(含假三代)	55	44.0	50	37.6	
	三代及以上	42	33.6	48	36.1	
就业情况	有工作	86	68.8	65	48.9	0.017**
	没有工作	6	4.8	24	18.0	
	退休	33	26.4	44	33.1	
家庭规模(均值)		3.3	—	3.4	—	0.663
人均汽车持有(均值)		0.5	—	0.1	—	0.000***

注:***$p<0.01$,**$p<0.05$,*$p<0.10$。
*资料来源:作者自制

③ 郊区大型保障房社区(N3)

2000 年后新建的郊区大型保障房社区包括景明佳园和百水芊城两个案例社区,参与调查的受访者有 394 人,包括非低收入居民 173 位,低收入居民 221 位,其经济属性分析如表 3-6 所示。对比保障房社区的不同收入受访者的社会经济属性可以发现,他们在性别、年龄、户口、就业情况、家庭规模和汽车持有等方面有统计学上的显著差异,这说明保障房社区中的低收入居民和非低收入居民是属性差异大、背景异质化的两类群体。保障房社区中,低收入受访者中女性偏多,非低收入受访者则明显男性偏多;在年龄构成上,尽管两类收入群体 30~59 岁的中青年比例差异不大,但是低收入受访者中老年比例明显偏高(32.6%),而非低收入受访者中老年人口比例仅为 19.1%,且非低收入群体中 16~29 岁的比例为 30.6%,说明保障房社区的非低收入居民呈现明显的年轻化特征;两类收入群体在户口持有上差异明显,低收入受访者持有南京户口的比例(86.4%)显著高于非低收入受访者(71.7%),可能的原因是,户口是政府允许在保障房社区购房和租赁廉租房的基本条件,地方政府将南京市本来分散在各区的持有南京户口的城市低收入居民集中安置在保障房社区,因此,保障房社区的本地居民偏多。

表 3-6 郊区大型保障房社区样本社会经济属性

变量	分类	非低收入(N=173)		低收入(N=221)		p 值
		N	%	N	%	
性别	男性	109	63.0	97	43.9	0.000***
	女性	64	37.0	124	56.1	
年龄	16~29	53	30.6	30	13.6	0.000***
	30~59	87	50.3	119	53.8	
	≥60	33	19.1	72	32.6	
户口	有南京户口	124	71.7	191	86.4	0.000***
	没有南京户口	49	28.3	30	13.6	
文化水平	初中及以下	44	25.4	133	60.2	0.000***
	高中	44	25.4	59	26.7	
	本科/大专	79	45.7	28	12.7	
	研究生及以上	6	3.5	1	0.5	
家庭结构	单身	24	13.9	12	5.4	0.135
	夫妻	31	17.9	53	24.0	
	两代(含假三代)	61	35.3	73	33.0	
	三代及以上	57	32.9	83	37.6	
就业情况	有工作	129	74.6	107	48.4	0.000***
	没有工作	13	7.5	60	27.1	
	退休	31	17.9	54	24.4	
家庭规模(均值)		3.0	—	3.4	—	0.011**
人均持有汽车(均值)		0.4	—	0.1	—	0.000***

注:*** p<0.01,** p<0.05。
* 资料来源:作者自制

保障房社区的低收入受访者中,受教育程度在初中及以下的比例为60.2%,本科/大专及以上的比例仅为13.2%,总体文化水平不仅明显低于同社区的非低收入居民,也低于其他社区的低收入居民。相较之下,保障房社区的非低收入受访者中,本科/大专及以上的非低收入受访者比例为49.2%,高学历居民的比例明显高于总体样本的平均水平。和学历相对应的是,保障房社区中的低收入受访者的就业率不足一半,在三类社区中比例最低,而非低收入受访者的就业率显著高于总体样本的平均水平。可能的原因是,保障房社区由于租金便宜且位处大型科技园附近,吸引了大量高学历的新就业大学生入住。此外,低收入受访者的家庭规模显著大于非低收入受访者,说明保障房社区的低收入居民有更高比例是大家庭生活,家庭负担偏大。在汽车持有上,低收入和非低收入受访者的人均汽车持有数量分别为0.1辆和0.4辆,保障房社区的低收入居民机动化水平明显偏低。

④ 不同类型社区居民的社会经济属性分析小结

可以看出,不同类型社区的低收入和非低收入居民在社会经济属性上呈现不同程度的异质性,但是这种异质性并不完全相同。就样本而言,老城传统邻里中的不同收入居民社会经济属性的异质性一般,内城衰退单位社区不同收入居民社会经济属性的异质性比较明显,郊区大型保障房社区不同收入居民社会经济属性的异质性十分明显。异质性越明显,意味着社区中的低收入居民和非低收入居民来自不同社会阶层的可能性越大,保障房社区的低收入居民和非低收入居民可能属于差异明显的不同社会阶层。总体上看,不同类型社区的低收入居民存在一些共性特征,如文化水平偏低、就业率偏低、女性偏多等,这和既往研究对城市低收入群体的属性特征描述一致。就受访居民内部比较而言,不同类型社区的低收入居民和非低收入居民在退休比例、户口持有、年龄构成等方面也存在差异,这说明不同收入的居民很有可能存在居住区内部的异质性,表现为居住在社区类型、居住地区位相同的低收入者和非低收入者存在差异,但是这种差异在不同类型社区中程度不尽相同。

3.3.2 社会分层特征

1)职业构成

如图3-5所示,低收入受访者和非低收入受访者在职业构成上有显著差异。低收入受访者中的失业/半失业人员比例占到31.1%,远超非低收入受访者的7.8%;在有工作的低收入受访者中,约一半的低收入居民从事的是商业、服务业,其次为办事人员和有关人员,还有少部分从事的是专业技术和生产、运输设备操作等职业。非低收入群体主要从事的职业是商业、服务业,占到该人群的35.3%,其次为专业技术类人员、办事人员和有关人员。

按照陆学艺(2002,2010)的社会阶级和社会阶层分析,这些职业对应的社会等级如表3-7所示。调研社区中,低收入受访者主要属于社会中下层和底层,还有少部分处于社会中中层;非低收入受访者则主要属于社会中中层和中上层,少部分在社会中下层。

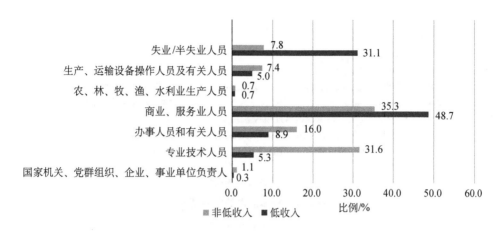

图 3-5 不同收入样本居民的职业构成

* 资料来源：作者自制

表 3-7 社会等级、职业和社会资源关系

职业	归属社会等级	社会资源占有
国家机关、党群组织、企业、事业单位负责人	社会上层	拥有组织资源、经济资源、文化资源
专业技术人员	社会中中层、社会中上层	拥有文化资源
办事人员和有关人员	社会中中层	拥有少量组织资源、文化资源
商业、服务业人员	社会中中层、社会中下层、社会底层	拥有很少量组织资源、经济资源、文化资源
农、林、牧、渔、水利业生产人员	社会中中层、社会中下层、社会底层	拥有组织资源、经济资源、文化资源
生产、运输设备操作人员及有关人员	社会中中层、社会中下层、社会底层	拥有组织资源、经济资源、文化资源
失业/半失业人员	社会底层	几乎不拥有组织资源、经济资源、文化资源

* 资料来源：作者自制

2) 收入构成

对比低收入群体和非低收入群体的收入情况可以发现（图 3-6），低收入群体月收入在 1 000 元以下的占 27.6%，2 000～<3 000 元的占 30.7%，月收入在 3 000 元以下的占到总体的 78.8%，可见，收入低下甚至极端低下是低收入群体的常态，他们遭受到明显的经济排斥。

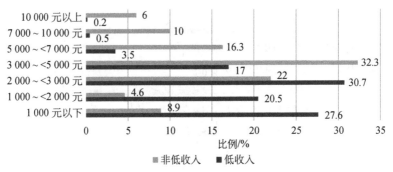

图 3-6 样本居民的收入情况

*资料来源：作者自制

3.4 本章小结

本章在总结相关文献的基础上，首先将南京作为典型案例，对城市低收入居住空间的历史演变、空间分布特征、产生机制进行阐述，在此基础上，以南京为案例城市进行案例社区的选择，这个过程综合考虑了城市低收入空间分布、邻里类型、南京居住空间发展、操作可行性等多方面因素，最终选择了6个区位、建成环境、历史年代等有代表性的社区作为下一步实证研究的案例。

基于社会调查获取包含低收入和非低收入受访者的两日出行活动日志，并基于此构建数据库，对样本社会属性和分层特征进行分析。总体上看，低收入受访者家庭规模大、文化水平低、汽车持有量低，且社会经济属性和非低收入受访者有显著差异。不同社区受访者社会经济属性有明显差异，老城传统邻里的流动人口偏低，老龄化明显；内城衰退单位社区的低收入受访者中退休和老龄比例最高，非低收入受访者汽车持有量高，经济状况较好；郊区大型保障房社区中，低收入受访者退休比例低、老龄化低、文化水平低、家庭规模大，而同社区的非低收入受访者整体呈现年轻化、高独居率、高学历、高就业率等特征，不同收入受访者的社会经济属性表现出明显差异。

第4章 低收入居民日常活动时空特征

居民的日常活动是在一定时空间制约下表现出来的特定模式，不同社会群体由于受到的时间和空间上的制约不同可能表现出不同的活动模式和出行规律。本章将基于问卷调查的时空行为数据，将低收入居民的日常活动作为主要观察对象，将非低收入居民作为对比，从活动节奏及时间利用、活动空间分布、移动特征等三个方面对居民时空活动模式进行分析，总结不同收入居民日常活动的一般特征及对比差异。

4.1 低收入群体日常活动的时间特征

时间作为测量人类生活的计量单位，能够直观地反映居民各项活动的时间利用情况（薛东前等，2013）。个体的时间利用反映个体一日活动的安排，同时也能反映政府提供的社会公共服务水平（殷国俊，2009）。本节基于 GIS，采用三维可视化、定性定量相结合的方法对样本居民日常活动时间顺序、活动节奏、不同活动时间分配等方面进行分析，试图厘清不同收入居民在活动时间上的差异。

4.1.1 基于地理空间的日常活动的时间节奏特征

时间节奏是在时间轴上观察居民开展各类日常活动的时间分布情况，可以直观地了解居民一日的时间利用规律（张艳等，2011）。在时间地理学的理论框架上，基于 ArcGIS 建立居民日常活动空间数据库，借助时空三维可视化技术，可以对居民一日的活动模式进行可视化表达。其中，二维平面表示南京城市空间，Z 轴是时间轴，由下至上表示从 0 点（凌晨 12:00）到 24 点，与二维空间平面垂直的线段表示个体在该点活动持续的时间，垂直线段的最下端是活动开始的时间，最上端是活动结束的时间，线段长度表示活动持续时间，线段越长，说明该点活动持续时间越长。不同颜色表示不同活动类型。

1) 工作日不同收入居民的日常活动的时间节奏特征

对工作日不同收入居民日常活动的时间节奏进行分析，结果如图 4-1 所示。总体来说，工作日不同收入居民日常活动顺序大致相同，从凌晨开始依次是睡眠—工作—下班后的购物、私事、娱乐等非工作活动—睡眠，其中，工作活动是一日的主导活动。从活动的时空特征上看，低收入居民的工作活动范围主要集中于主城区和家附近的空间；活动时间较为零碎，工作活动常常穿插其他活动；和非低收入居民相比其工作活动时间较短。相较之下,非低收入居民的工作活动范围更广,工作时间较为完整,活动时间相对更长。

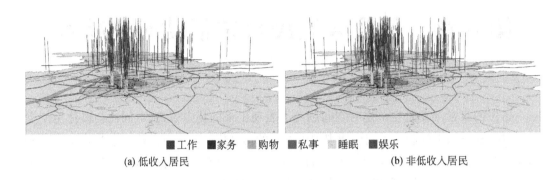

(a) 低收入居民　　　　　　　　　　(b) 非低收入居民

图 4-1　工作日不同收入样本居民活动节奏特征对比

* 资料来源:作者自制

2) 休息日不同收入居民的日常活动的时间节奏特征

对休息日不同收入居民日常活动的时间节奏进行分析,结果如图 4-2 所示。休息日两类收入居民的一日活动顺序大致为睡眠—工作、购物、休闲、私事等活动—睡眠。和工作日以工作活动为主导不同,休息日居民的活动安排呈现明显的"破碎化",表现为活动类型多样、休闲活动大大增加,起始时间相对凌乱,而且每类活动的持续时间相对较短。从活动时间的空间分布上看,低收入居民非在家活动主要为工作和购物活动,活动范围以内城和家附近的空间为主,而非低收入居民非在家活动主要为工作、购物和休闲活动,大量活动集中于城市郊区,其中远离市中心的活动主要为休闲活动。

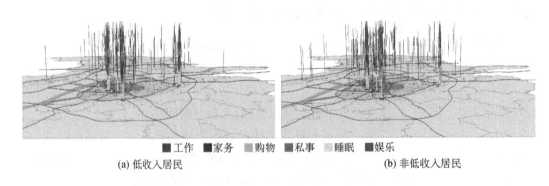

(a) 低收入居民　　　　　　　　　　(b) 非低收入居民

图 4-2　休息日不同收入样本居民活动节奏特征对比

* 资料来源:作者自制

4.1.2　基于汇总统计的活动时间分析

1) 工作日活动节奏

如图 4-3 所示,工作日低收入居民和非低收入居民的工作活动节奏类似,都呈现出双峰态势,且主要的工作活动都集中发生在上午 8:00—12:00 和下午 1:00—6:00。在高峰期,分别有 65% 的非低收入受访者和 48% 的低收入受访者进行工作活动,这说明低收入受访者的工作活动没有非低收入受访者活跃,这和低收入居民中失业、半失业、退休居民比例较高有关。

低收入居民和非低收入居民的休闲活动整体节奏类似,分别在上午 10:00、下午 3:30 和晚上 9:00 点左右出现波峰,且参与活动的居民比例逐渐增加,晚上 8:00—10:00 为居民休闲活动的高峰,这说明居民一日的休闲活动时间趋于集中,晚上是居民进行休闲活动最主要的时段。可以看出,低收入居民工作日的休闲活动更加活跃,且晚上的高峰来得更早,大约在晚上 9:00,有约 63% 的低收入居民进行休闲活动,此后迅速结束;而非低收入居民晚上休闲活动的高峰大约在晚上 10:00,且结束时间比低收入居民要晚。可以看出,低收入居民工作日的休闲活动呈现"白天更加活跃,晚上更早结束"的特点。

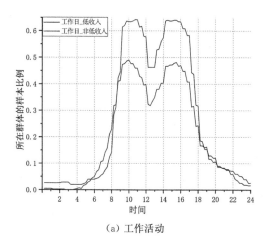

(a) 工作活动

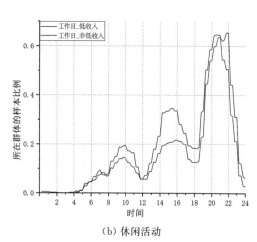

(b) 休闲活动

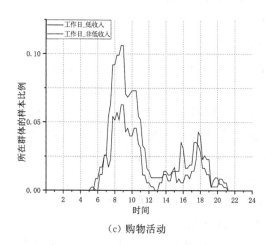

(c) 购物活动

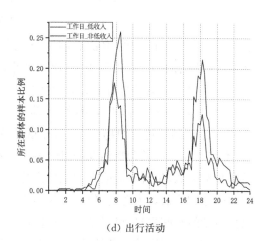

(d) 出行活动

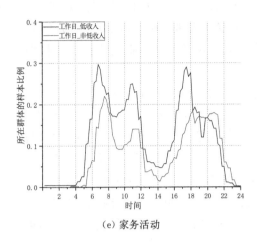
(e) 家务活动

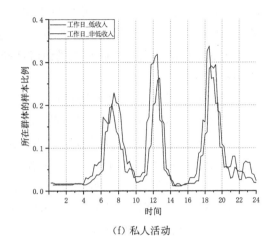
(f) 私人活动

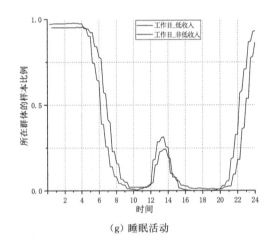
(g) 睡眠活动

图 4-3　工作日不同收入样本居民活动节奏对比

*资料来源：作者自制

　　低收入居民白天的购物活动明显比非低收入群体活跃，主要集中在上午 8:00—10:00，此后下午 4:00 和 5:30 出现一个小高峰，晚上 7:00 之后参与购物活动的人数极少。非低收入受访者的购物活动同样集中在上午，下午购物活动很零碎，到晚上 6:00 呈现一个明显的小高峰，此后购物活动迅速减少。可以看出，低收入居民一般在下午 4:00—6:00 陆续进行购物活动，而非低收入居民大多集中在下班短暂时间进行购物活动，不同收入居民的购物活动的时间节奏存在差异。就出行活动时间来看，不同收入居民活动节奏类似，呈现非常明显的双峰态势，且波峰都出现于上午 8:00 左右和晚上 6:00 左右。但是和非低收入受访者相比，参与出行活动的低收入居民比例明显偏低，且一日开始出行活动的时间更早，可见低收入居民出行活动的活跃度偏低。

　　不同收入居民的家务活动节奏有一定差异。低收入群体在整个上午都有一定比例的居民从事家务活动，且在上午 6:00—8:00 和 10:00—12:00 出现两个小波峰，活动曲线在下午 2:00 到达一个低谷之后,进行家务活动的低收入受访者又开始增加,约晚上 5:00 左右到达另一个高峰。总体来说,低收入者的家务活动节奏和早餐、中餐、晚餐时间较为吻合。低收入居民的家务活动的活跃度高,持续时间更长,而非低收入受访者的家务活动集中在早晚,且居民的家务活动参与的比例明显更低。

私人活动包括饮食和个人必须进行的洗漱、看病、理发美容、办理邮电业务等活动。不同收入居民的私人活动节奏类似,明显呈现三个高峰,即早上 7:00,中午 12:30,晚上 6:30 左右,这和一日三餐时间大致吻合,但是低收入居民私人活动的三个高峰值都比非低收入受访者更早到来,且活跃度高于非低收入居民。睡眠活动呈现明显的"W"形,总体趋势都是从早上 4:00 开始逐渐减少睡眠活动,到 10:00 左右为低谷值,几乎所有受访者结束早间睡眠活动,然后陆续开始有受访者进入午休时段,睡眠活动在下午 1:00 左右达到峰值,此后陆续结束睡眠活动,到晚上 8:00 又开始逐渐增加睡眠活动直至全日高峰。值得注意的是,和非低收入受访者相比,低收入受访者的睡眠活动早上更早结束,晚上更早开始,呈现出"早睡早起"的时间节奏规律。

2) 休息日活动节奏

如图 4-4 所示,休息日不同收入居民的工作活动节奏和工作日类似,呈现出双峰态势,但是参与工作活动的居民比例显著减少。和工作日非低收入居民高强度的活动时间节奏不同,休息日低收入居民的工作活动参与度显著高于非低收入居民,低收入群体中有更高比例的个体在休息日持续工作,可能的原因是低收入群体多从事较低层次的服务行业,工作时间不规律且持续较长,相当比例低收入居民周末也要加班。

休闲活动整体节奏类似,呈现出上午、下午和晚上三个波峰,且依次增强,在晚上达到最高峰。低收入受访者的娱乐活动明显少于非低收入受访者,但是整体低收入受访者休闲活动的峰值仍然高于非低收入者。此外,和工作日情况类似,低收入居民的休闲活动时间早高峰比非低收入居民来得更早,结束得也更早,休息日低收入群体的休闲活动呈现"白天更加活跃,晚上更早结束"的特点。

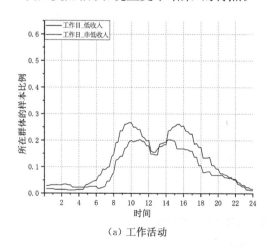

(a) 工作活动

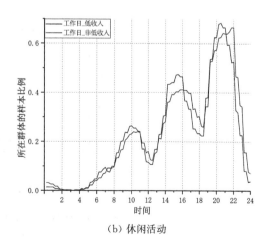

(b) 休闲活动

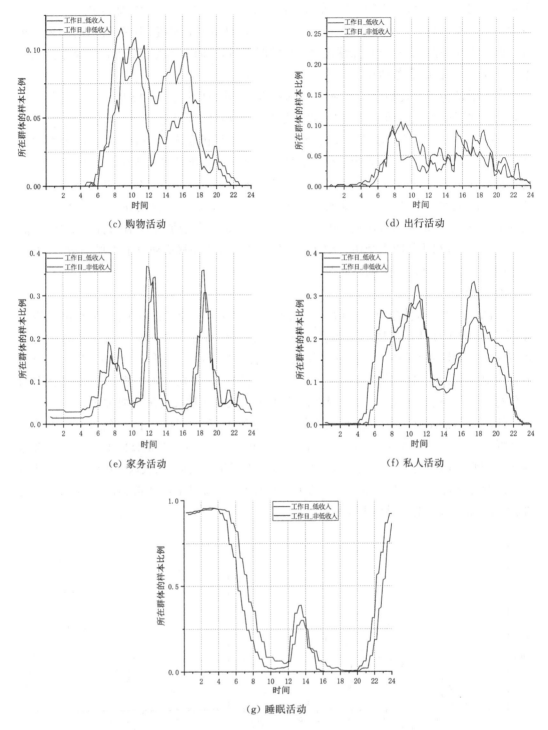

图 4-4　休息日不同收入样本居民活动节奏对比

资料来源：作者自制

休息日，低收入居民和非低收入居民都有比工作日更高比例的个体参与购物活动。

在活动节奏上,低收入居民的购物活动主要集中在上午 8:00—11:00,另一个购物活动的高峰出现在下午 5:00 左右,此后购物活动逐渐减少,仅在晚上 8:00 参与购物活动的低收入居民比例稍有回升。非低收入居民休息日的购物活动节奏则明显不同,上午 9:00 到下午 5:00 一直有一定比例非低收入居民进行购物活动,活动节奏较为凌乱,活动高峰值不明显。两类收入群体在休息日的出行活动和工作日有明显差异,全天的出行活动呈现连绵状,具体表现为从上午 7:00 一直到晚上 7:00 一直都有一定比例居民进行出行活动,整体出行活动节奏凌乱,峰值不明显,这说明休息日时居民的出行活动具有多样性和随机性特征。此外,从图中可以看出,低收入群体出行活动参与度低于非低收入群体。

低收入居民的家务活动的参与比例在工作日和休息日差别较小,而非低收入居民休息日参与家务活动的比例明显升高,在上午 11:00 和晚上 6:00 出现两个明显高峰值。总体上看,低收入居民家务活动比非低收入居民更加活跃。就私人活动而言,两类收入居民在休息日的私人活动节奏在早上、中午和晚上分别呈现较为清晰的三个波峰,其中第一个波峰值出现在 7:00 左右,而非低收入受访者的第一个私人活动的峰值出现在上午 8:30 左右,这说明低收入群体有早起活动的特征。和工作日类似,低收入和非低收入居民的睡眠活动仍然呈现"w"形特征。但是低收入居民的睡眠活动从早上 4:00 左右就开始减少,这说明早起活动的低收入受访者相对更多,这和低收入居民从事环卫工人、批发零售等非正式工作有关。

4.1.3 不同收入群体日常活动时间分配对比

1) 工作日不同收入居民活动时间分配

表 4-1 显示了工作日低收入与非低收入受访者在不同活动上分配的时间。首先,低收入居民和非低收入居民的工作时间分配存在显著差异,低收入受访者工作时间的平均值比非低收入受访者少 1.5 h,中位数差值更大,达到 2.5 h。而且低收入受访者和非低收入受访者工作时间的标准差分别为 300.2 min 和 268.6 min,这说明相较非低收入群体,低收入群体的平均工作时间较少,内部差异大。这和低收入群体总体就业比例低、从事行业复杂有直接关联。样本中,低收入群体就业率仅为 49.1%,而非低收入受访者就业率则高达 70.9%,大量的失业、半失业的居民造成低收入受访者总体工作时间偏少。另外,低收入群体工作性质差异很大,部分低收入群体从事非正式的服务业或制造业,工作强度大,工作时间长。根据访谈了解到,低收入就业者中还有一定比例的临时工,工作时间相对较短且不固定,而且还有相当一部分低收入受访者处于失业和退休状态,低收入群体复杂的就业情况造成其内部工作时间差异十分显著。相比之下,非低收入群体就业率高,工作较稳定,工作时间固定,该群体内部工作时间差异相对较小。

表 4-1 不同收入样本居民工作日时间分配   单位:min

	活动类型	工作	家务	购物	私事	睡眠	娱乐	出行
低收入	平均值	294.8**	168.3***	29.3***	116.8	505.5	272.4	50.1***
	中值	322.5	120.0	15.0	90.0	509.0	225.0	30.0
	标准差	300.2	158.7	46.3	92.9	118.7	203.2	60.6

(续表)

	活动类型	工作	家务	购物	私事	睡眠	娱乐	出行
非低收入	平均值	382.7**	117.0***	19.0***	106.8	500.2	238.7	69.9***
	中值	480.0	90.0	0.0	90.0	480.0	180.0	60.0
	标准差	268.6	125.1	33.5	74.7	113.7	193.3	70.5

注：*** $p<0.01$，** $p<0.05$。
* 资料来源：作者自制

其次，低收入群体花费在家务活动上的平均值比非低收入群体多了近 1 h，而花费在购物活动的时间平均值则比非低收入群体多了 10 min 左右，这说明低收入居民工作日分配给家务和购物活动的时间显著多于非低收入居民。值得注意的是，有 50% 的低收入群体购物活动时间为 10 min 之内，但是 50% 的非低收入群体工作日没有进行购物活动。可能的原因是，非低收入群体将主要时间分配在工作上，且较高的经济地位使得他们可以用金钱购买时间，工作日可以雇佣钟点工完成家务和日常购物等活动。而低收入群体受经济制约强，所有家务和购物活动需要自己完成，因此耗费更多精力和时间。

出行时间统计的是一日出行总时间。从平均值上看，低收入群体的出行活动时间比非低收入群体少了约 20 min，从中值上看，50% 的低收入居民在工作日出行时间在 30 min 之内，而 50% 的非低收入居民的出行时间则在 1 h 左右。无论是从平均值还是从中值来看，低收入居民出行时间显著少于非低收入群体，非低收入群体出行时间长，可能带来更长的出行距离和更大的活动空间范围。

此外，根据方差检验，不同收入受访者工作日在私事、睡眠、娱乐活动的时间分配上并没有统计学上的显著差异，但是从平均值和中值来看，低收入居民工作日在私事、睡眠和娱乐活动上分配的时间多于非低收入群体。

2) 休息日不同收入居民活动时间分配

表 4-2 显示了休息日低收入与非低收入受访者在不同活动上分配的时间。首先，从工作时间的中值来看，一半的低收入和非低收入受访者都没有工作活动，休息日两类收入群体的工作活动相比工作日有明显减少。就居民平均值而言，低收入受访者和非低收入受访者在休息日的工作时间分别为 174.7 min 和 136.2 min。方差检验显示两类收入群体工作时间分配差异显著，这说明休息日低收入居民会比非低收入居民花费更多时间在工作活动上。

表 4-2 不同收入样本居民休息日时间分配　　　　　　　　单位：min

	活动类型	工作	家务	购物	私事	睡眠	娱乐	出行
低收入	平均值	174.7**	193.1	44.1**	130.1	524.9**	322.8	42.9***
	中值	0.0	150.0	30.0	105.0	538.0	330.0	0.0
	标准差	280.5	166.7	64.3	104.0	146.8	218.9	57.0
非低收入	平均值	136.2**	177.0	57.4**	122.9	546.8**	335.6	61.1***
	中值	0.0	142.5	30.0	90.0	539.0	300.0	60.0
	标准差	243.2	175.8	93.9	99.0	133.8	208.1	64.8

注：*** $p<0.01$，** $p<0.05$。
* 资料来源：作者自制

其次，尽管两类收入群体的购物活动时间中值都为 30 min，但是就平均值而言，低收入受访者休息日的购物活动时间明显少于非低收入群体，这说明休息日低收入群体的购物活动没有非低收入群体活跃，且内部差异相对较小。

再次，无论是从平均值还是中值来看，低收入受访者分配在睡眠和出行上的时间都少于非低收入受访者。可能的原因是低收入群体较多从事服务业或非正式职业，周末也需要继续工作，而非低收入群体往往从事正式工作，且实行双休日制度，因此休息日工作活动时间显著减少，从而可以分配更多时间在睡眠活动上。在出行活动上，50%的低收入群体没有出行活动，而一半的非低收入群体有 1 h 的出行活动，且低收入群体出行活动的平均时间比非低收入群体少近 20 min，这说明休息日低收入群体的出行活动明显没有非低收入群体活跃，有相当数量的低收入群体没有出行活动，而非低收入群体分配了更多时间在出行活动上，他们可能会在离家更远且更大的城市区域内进行休闲娱乐等活动。

图 4-5 对工作日和休息日低收入群体和非低收入群体在不同活动上分配的时间的平均值进行了对比。总体可以概括为，和非低收入群体相比，低收入群体工作日工作时间短，购物、娱乐、睡眠时间长；休息日则相反，低收入群体工作时间长，购物、娱乐、睡眠时间短。此外，无论是工作日还是休息日，低收入群体分配在家务上的时间都多于非低收入群体，但出行时间却少于非低收入群体。

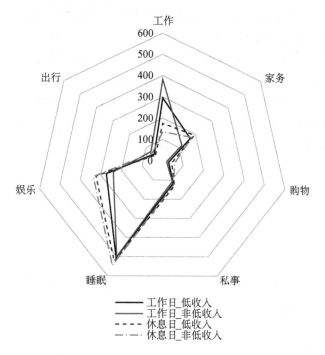

图 4-5 不同收入样本居民日常活动时间分配对比（单位：min）

* 资料来源：作者自制

4.2 不同收入居民日常活动的空间特征对比

个体日常活动空间和城市空间布局密切关联,虽然样本中的低收入受访者和非低收入受访者来自同样的六个社区,但是城市空间对其的制约以及他们对城市空间的利用可能不尽相同,表现在城市空间上则是两类收入群体的活动空间分布特征可能存在差异。由于睡眠、烧饭、打扫卫生等活动基本都在家中进行,且活动点数量很多,容易影响活动空间分布的最终结果,因此本节将以受访者的非在家活动(out-of-home-activities,除了在家活动以外的所有其他活动样本)为分析对象,从非在家活动在城市空间的分布及时空特征两个方面对其日常活动的空间分布特征进行比较分析。

4.2.1 不同收入居民日常活动在城市空间上的分布特征

1) 工作日不同收入群体日常活动在城市空间上的分布及对比

基于调研采集的个体活动点数据,利用核密度图直观分析不同收入居民不同类型活动在城市空间的分布特征。工作日低收入和非低收入受访者非在家活动在城市中的分布情况如图4-6所示。总体来看,低收入居民和非低收入居民的工作活动在空间分布上都是围绕市中心,由老城向外城圈层式减少,但是局部又有一定的集聚,空间上呈现"圈层+团块"式分布。具体而言,低收入居民位于老城区的工作活动围绕"中央路—新街口—夫子庙"片区绵延分布;内城集聚态势略有减少,但是在内城南片仍然以弥漫状分布为主,此外在内城北片和西南片有不少点状集聚;外城工作活动的分布则以稀疏点状分布为主。总体来看,老城区和家附近的空间仍然是低收入群体主要的就业空间。和非低收入群体相比,低收入群体的工作活动更加分散,且多样化不足。

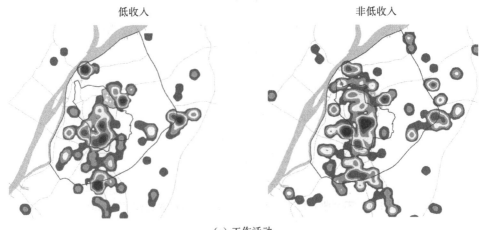

(a) 工作活动

第 4 章 低收入居民日常活动时空特征

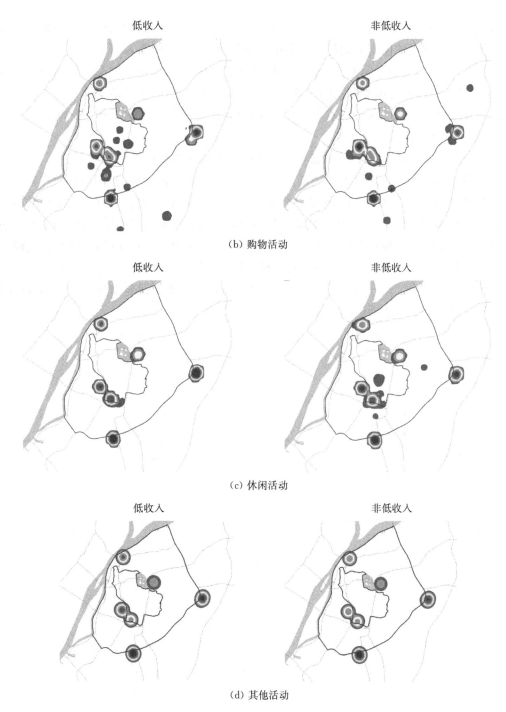

(b) 购物活动

(c) 休闲活动

(d) 其他活动

图 4-6　工作日不同收入样本居民非在家日常活动的空间分布

注：颜色由冷到暖，活动点密度越来越大；其他活动包括非在家私人活动和家务活动。

* 资料来源：作者自制

工作日，不同收入居民的购物活动都主要集中在社区附近，城市中心区是低收入居民购物活动分布的主要发生地。根据前文分析，工作日低收入群体购物活动时间较多，一些低收入居民甚至会在距离较远的批发市场、综合购物商场等进行购物活动，以降低生活成本。两类收入居民的休闲活动都高度集中在家附近，部分非低收入居民的休闲活动分布在新街口市中心，可能的原因是新街口土地混合度很高，同时新街口站是最繁忙的轨道换乘点，一些非低收入者可能利用中午或者下班时间进行短暂的休闲活动。其他非在家活动以非在家进行的私事和照料家人为主，两类收入居民其他非在家活动的空间分布基本一致，都集中在家附近。

2）休息日不同收入居民日常活动在城市空间上的分布及对比

休息日低收入和非低收入居民的非在家活动在城市空间上的分布情况如图4-7所示。休息日，两类收入群体的工作活动强度比工作日明显减少，低收入群体的工作活动在空间上以"点状"分布为主，具体表现为家附近空间仍然是重要的就业空间，集中了大量的就业活动，此外，从老城到内城再到外城，不同城市空间都分布有点状的就业活动，这说明休息日低收入群体的就业活动空间相对比较分散。非低收入群体的工作活动在空间分布上呈现"圈层＋点状"式分布，家附近和新街口中心区是重要的就业空间，相较之下，低收入群体休息日的工作活动更加分散。

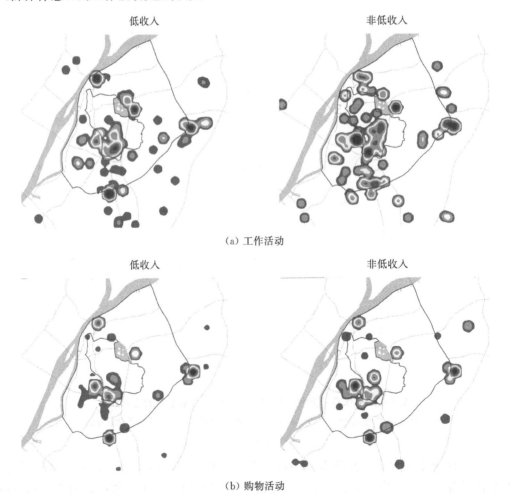

(a) 工作活动

(b) 购物活动

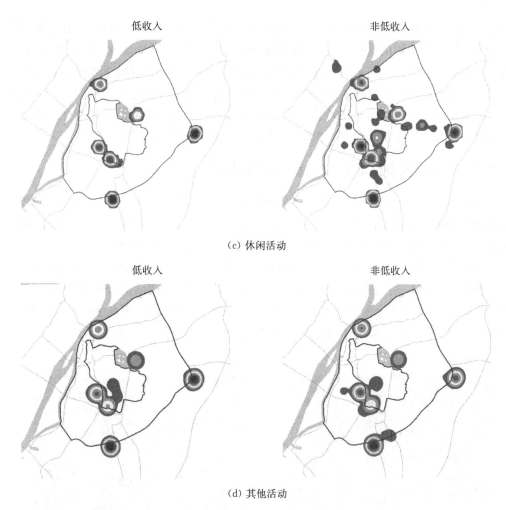

(c) 休闲活动

(d) 其他活动

图 4-7 休息日不同收入样本居民非在家日常活动的空间分布
注：颜色由冷到暖，活动点密度越来越大；其他活动包括非在家私人活动和家务活动。
* 资料来源：作者自制

　　休息日，不同收入受访者的购物活动在空间上明显外扩。家附近的片区级商业中心和主城中心是低收入居民最主要的购物活动空间，且和非低收入居民相比，低收入居民的购物活动空间明显更加狭窄，空间分布的多样化不足。可能的原因是，非低收入居民为了追求更好的购物体验，可能会驾驶私家车去更远的商业区，而低收入居民受经济条件制约，机动性不足，会更多地利用家附近的空间满足生活需求。低收入居民休息日的休闲活动空间和工作日几乎没有变化，主要集聚在家附近，休闲活动空间单一。而非低收入居民的休闲活动则呈现多样化特征，他们不仅会在家附近的空间进行休闲活动，还会在新街口市中心、中山陵风景区、河西大型商场进行休闲活动，甚至还会驾车前往远郊的汤山和栖霞山进行休闲活动，这体现了非低收入群体休息日的休闲活动更加追求品质的特征。

　　通过对工作日和休息日两类收入受访者的户外活动空间的分析可以看出，无论是低收入居民还是非低收入居民，家附近的空间都是样本居民日常生活最常利用的空间。和非低收入居民相比,低收入群体的工作活动范围比较小,工作活动区位多样化不足;低收入居民工作日的购物活动相对较多,但是都分布在中心城区,和非低收入居民休息日由内城向外城扩展的购物空间不同,低收入居民休息日的购物空间明显向老城区内缩;低收入居民的休闲活动在工作日和休息日没有明显区别,都高度集中在家附近的空间,而非低收入居民休息时的休闲活动空间明显更加丰富和多样化。无论是工作日还是休息日,不同收入居民的其他非在家活动空间相似,都集中在家附近和新街口片区。

4.2.2 不同收入群体非在家活动的时空特征

地理空间的核密度图可以直观反映活动在地理空间的特征,但是不足之处在于较难反映活动离家距离、活动时间、活动强度等的相互关联。因此本节采用时空活动密度图对低收入群体日常活动的时空特征做进一步分析。在操作上,首先利用 ArcGIS 的渔网功能,构建 24×30 的渔网,其中 x 轴是一日 24 h,横轴每一小格为 1 h,y 轴是离家的直线距离,纵轴每一小格为 1 km。运用 ArcGIS 中的 kernel density 模型,并用活动持续时间对活动频率进行加权,如某活动在上午 9 点开始,在离家 2 km 处持续了 3 h,则在坐标(9,2)处赋值 3,据此绘制不同收入群体工作日和休息日活动的时空密度图(图 4-8)。

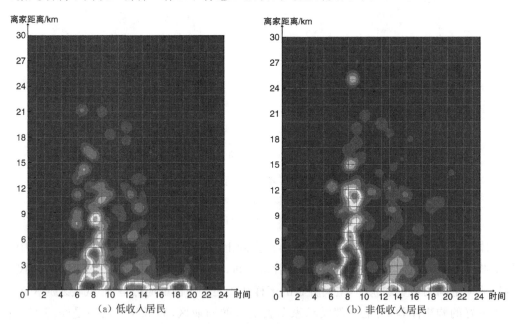

图 4-8 工作日不同收入样本居民非在家活动的时空特征
*资料来源:作者自制

总体上看,两类收入居民的活动距离呈现衰减趋势,即离家距离越近,活动越密集,离家越远,活动越稀少,在时间轴上则呈现"白天强,晚上弱"的客观规律。从距离上看低收入居民有三个明显的时空间高值区,第一个核心高值区集中在上午 6 时—9 时,离家 5 km 的时空区域,尤其是离家 1.5 km、3~5 km,以及 8~9 km 距离范围内的时空区域,这是工作日的第一个也是最密集的非在家活动时空区域,这和居民集中在这一时段外出就业有关;第二个核心高值区集中在上午12时—下午2时,离家1 km的时空区域,可能的原因是有部分低收入居民外出就餐、办理私人事务等;第三个核心高值区集中在晚上6时—8时,离家1 km的时空区域,可能的原因是有一些低收入居民去社区附近区域就餐或散步、逛超市、带孩子玩耍等。非低收入居民的离家活动主要集中在上午7时—9时,距家7 km以及10~12 km的时空区域,其次在下午1时—2时,晚上6时—8时,距家1 km的时空区域。相比之下,低收入居民的离家活动大多集中在距家15 km范围,超过20 km的活动极少,这说明低收入居民活动范围更小,且低收入居民工作日的离家活动呈现零碎和近家的特征。

图4-9是休息日不同低收入居民非在家活动的时空特征。相比工作日的时空规律,休息日,低收入居民的时空集聚高值区有三个,分别是上午6时—9时,中午12时—下午3时以及晚上6时—8时,距家1 km的时空区域。可以看出,相比工作日,休息日低收入居民的活动范围更加狭小。非低收入居民的活动较为均匀地分布在离家15 km内,上午7时—晚上8时的时空间区域,此外,在更远的23~30 km范围也有零散的非低收入居民离家活动,这说明非低收入居民在休息日的离家活动明显更加活跃,且相比工作日其活动范围更广。

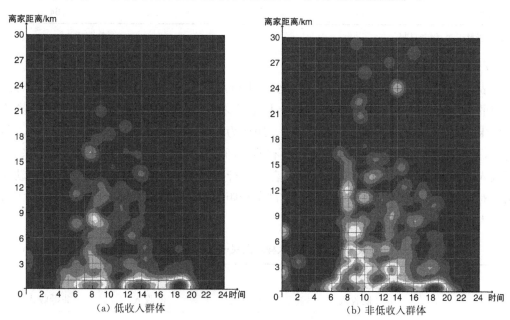

图4-9 休息日不同收入样本居民非在家活动的时空特征

* 资料来源:作者自制

4.3 城市低收入群体移动性特征

4.3.1 日常活动总体出行特征

1) 出行率和出行频率

出行率和出行频率在一定程度上反映了城市居民出行的活跃程度。本书统计的出行率是调查日中有小区外出活动的样本数占该群体样本总数的比例,出行频率则是出行群体的人均出行次数。表4-3显示的是不同收入群体的出行频率和出行率,总体来说,两类收入群体工作日的出行率和出行频率都高于休息日,这说明休息日的外出活动减少,这和居民的就业通勤显著减少有直接关系。工作日,低收入和非低收入居民的出行率分别为59.4%和75.4%;休息日,低收入和非低收入居民的出行率分别为49.5%和64.0%,这说明无论是工作日还是休息日,有出行行为的低收入群体都明显少于非低收入群体。就出行频率而言,低收入和非低收入群体工作日的出行频率分别为人均1.34次和1.72次,休息日的出行频率分别为人均1.11次和1.41次,这说明低收入群体个体出行活跃度也较低。

表4-3 不同收入样本居民出行频率和出行率

	工作日		休息日	
	低收入	非低收入	低收入	非低收入
出行频率/(次/人)	1.34	1.72	1.11	1.41
出行率/%	59.4	75.4	49.5	64.0

*资料来源:作者自制

2) 出行距离

表4-4显示的是受访者一日所有活动的出行总距离。工作日,非低收入居民出行总距离的平均值比低收入者长约3.5 km。从中值来看,50%的低收入居民出行总距离为2.88 km,但是50%的非低收入居民总出行距离为6.31 km,是低收入居民的2.2倍。休息日,两类收入居民的出行总距离差距略有缩小,但是无论是从中值,还是从平均值来看,低收入居民的出行距离都短于非低收入者。出行距离反映出低收入居民较低的移动能力。对比其标准差可知,非低收入居民内部出行距离差异更大,可能的原因是非低收入者人群内部差异较大、交通方式多样化。

表4-4 不同收入样本居民一日出行总距离   单位:km

	工作日		休息日	
	低收入	非低收入	低收入	非低收入
平均值	6.99***	10.45***	6.84***	9.96***
中值	2.88	6.31	2.59	5.64
标准差	8.62	10.56	9.30	10.70

注:*** $p<0.01$。

*资料来源:作者自制

3) 出行方式

本书分析日常出行方式利用的数据是活动日志中每一条出行记录所对应的出行工具、出行时间和出行费用,因此出行目的不仅包括工作,还包括购物、休闲、接送孩子等其他日常活动。图4-10是工作日不同收入居民出行方式构成比较。

工作日,低收入居民最常用的出行方式依次是电动自行车/摩托车(31%)、步行(25%)和公共汽车(22%),这三种出行方式占总样本的78%。相对而言,非低收入群体工作日出行方式较为多样,最常用的出行方式依次为电动自行车/摩托车(28%)、公共汽车(19%)、私家车(14%)和地铁(13%)。可以看出,出行成本较低的电动自行车/摩托车是居民最常使用的出行方式,由于经济条件较好,非低收入居民驾驶私家车出行的比例远高于低收入居民。已有研究指出,私家车的机动性远高于公共交通,这可能是低收入群体移动性显著低于非低收入群体的主要原因之一。

休息日,低收入居民的出行方式变化不大,如图4-11所示,最常使用的出行方式仍然是电动自行车/摩托车、公共汽车和步行,而非低收入群体使用最多的出行方式则依次是私家车、电动自行车/摩托车、公共汽车和地铁,这说明非低收入群体出行的方式更加多样化,选择余地更多,休息日由于工作通勤减少,非低收入居民出行时间弹性较大,错开工作时间高峰驾驶私家车前往目的地则效率更高,体验也更好。

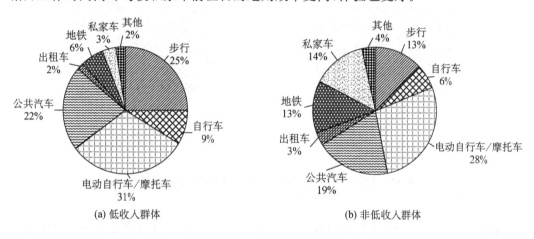

图 4-10 工作日不同收入样本居民的出行方式对比

*资料来源:作者自制

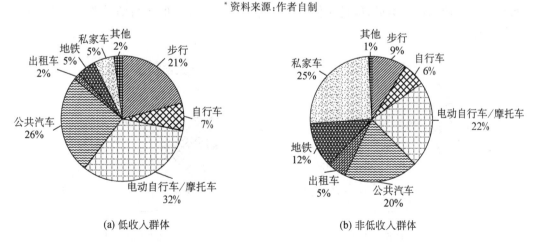

图 4-11 休息日不同收入样本居民的出行方式对比

*资料来源:作者自制

4）出行耗时

图 4-12 显示的是工作日不同收入居民的出行耗时对比,这里统计的出行耗时是指每一项出行活动所耗费的时间。总体来看,工作日,低收入群体 15 min 以内的短时间出行活动较多,占到 32%,而非低收入居民只有 20%,15～29 min 内的出行活动两个群体对比不明显,而稍长时间(30～59 min)的出行活动则是非低收入群体明显偏多,此外 1 h 以上的长时间出行活动两个群体差异不明显,这说明和非低收入居民相比,低收入居民出行活动在半小时以内的更多,体现出其较低的机动性。值得注意的是,尽管长时间的出行活动两个群体对比不明显,但是在高度依赖电动自行车/摩托车以及公共交通的情况下,低收入居民可能面临更多的长时间、长距离出行,可达范围不如非低收入居民的现状。

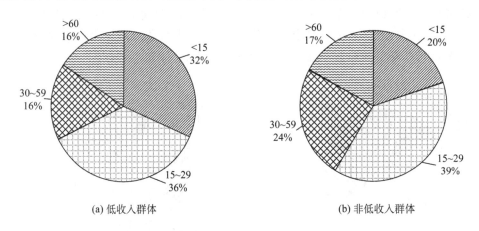

图 4-12　工作日不同收入样本居民的出行耗时对比(单位:min)

*资料来源:作者自制

图 4-13 显示的是休息日不同收入居民的出行耗时对比。休息日,低收入居民耗时 15 min 以内的活动减少,但是中等耗时(15～29 min)的活动以及长耗时(1 h 以上)的活动增多,非低收入居民类似,但是非低收入中等耗时及长耗时的出行活动明显增多,且高于低收入居民。

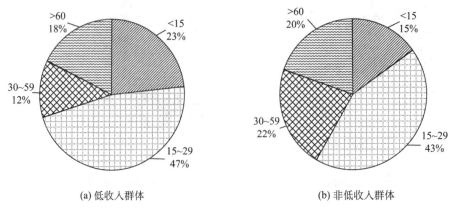

图 4-13　休息日不同收入样本居民的出行耗时对比(单位:min)

*资料来源:作者自制

5）出行费用

图 4-14 显示的是工作日不同收入居民的单次出行花费对比。就单次出行花费而言，工作日，低收入居民出行费用小于 2 元的比例为 75%，而非低收入居民仅为 62%；非低收入居民单次出行花费大于 10 元的出行活动为 15%，远高于低收入居民。

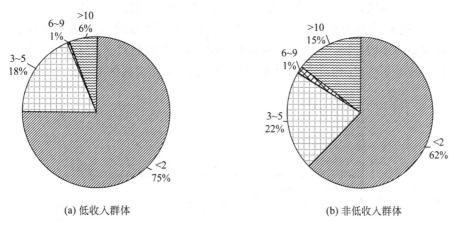

(a) 低收入群体　　　　　　　　(b) 非低收入群体

图 4-14　工作日不同收入样本居民的单次出行花费对比（单位：元）

* 资料来源：作者自制

图 4-15 显示的是休息日不同收入居民的出行花费对比。休息日时，低收入群体出行活动花费并没有明显变化，但是非低收入群体的出行花费则明显增加，小于 2 元的出行活动从 62% 降到 49%，而大于 10 元的高成本出行则从 15% 增加到 27%。这说明低收入居民对出行花费比较敏感，出行的开销较低，意味着低收入居民出行花费的预算低，可以选择的出行方式有限，这可能是他们在城市出行的时候面临的主要限制条件之一。

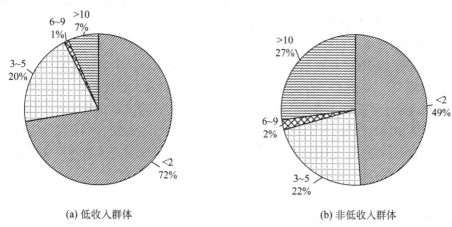

(a) 低收入群体　　　　　　　　(b) 非低收入群体

图 4-15　休息日不同收入样本居民的单次出行花费对比（单位：元）

* 资料来源：作者自制

4.3.2 城市低收入群体通勤特征

1) 主要通勤工具

对比不同收入居民的日常通勤工具(图4-16),低收入居民最主要的交通工具是电动自行车/摩托车,其次是步行、公共汽车和自行车;非低收入群体最主要的交通工具也是电动自行车/摩托车,其次是公共汽车、地铁和私家车。值得注意的是,低收入群体比非低收入群体明显更少使用地铁,原因是地铁虽然快捷,但是费用相对公交车较高,不少低收入群体宁愿将花费更多时间但是价格更加低廉的公共汽车作为通勤工具。

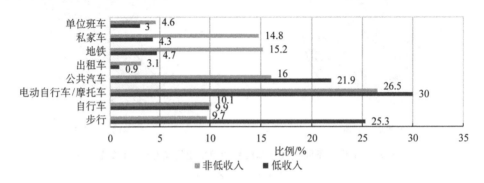

图 4-16 不同收入样本居民通勤工具选择对比

*资料来源:作者自制

电动自行车和摩托车在低收入群体的通勤活动中起到了非常重要的作用,因其成本低、灵活性高、适宜短途出行而备受青睐。地铁由于速度快、价格相对较低,是普通市民最重要的出行工具之一。实际调研还发现,不少低收入居民在使用地铁频率上远低于非低收入居民,在访谈中了解到,社区周边地铁站太远、安检时间长、票价相对比较贵是主要原因。相较之下,低收入群体对公交的利用更多,尤其是女性和中老年的低收入者,这可能和公交票价对老人优惠力度大,花费更低有关。

2) 单程通勤时间

对比不同收入居民的单程通勤时间(图4-17),低收入居民中单程通勤时间在15 min之内的比例是31.5%,远多于非低收入群体的19.8%;低收入居民中30 min及以上通勤时间的比例远低于非低收入群体。值得注意的是,低收入群体和非低收入群体中1 h以上通勤时间的比例分别为10.8%和11.7%,差距并不大。这说明有部分低收入群体需要忍受长时间通勤,可能是因为低收入群体就业技能不足,当家附近的就业机会不能满足需求时,只能去更远的地方寻找就业机会。

3) 通勤距离

对比不同收入居民的通勤距离(图4-18),低收入居民就业地点离家在1 km范围内的比例为41.1%,随着离家距离的增加,就业地点减少,低收入居民的工作活动减少,随后在5~10 km范围内又开始上升,有14.6%的低收入居民通勤距离在5~10 km,此后又逐渐降低,没有低收入居民的通勤距离超过25 km;非低收入居民的就业地点在空间上

第4章 低收入居民日常活动时空特征

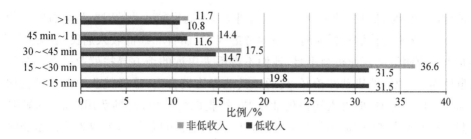

图 4-17 不同收入样本居民单程通勤时间对比
* 资料来源：作者自制

分布较为均匀，最多的是距离家>1~3 km，其次在≤1 km、>3~5 km、>5~10 km、>10~15 km 距离都有就业地点分布，还有少数非低收入居民的就业地点超过 25 km。相较于非低收入居民，低收入居民就业地有明显近家的特征，但是 5 km 范围内会随着通勤距离的增加而减少，不少低收入者的就业地点在距家>5~20 km 范围内，这说明距离不一定是他们考虑工作地点的唯一因素，可能还有待遇等多方面因素。

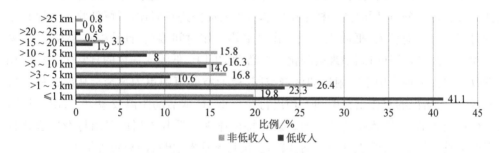

图 4-18 不同收入样本居民通勤距离对比
* 资料来源：作者自制

4）月通勤费用

对比不同收入居民的月通勤费用（图 4-19），近 90% 的低收入群体的月通勤费低于 200 元，有 71.1% 的低收入群体的月通勤费用不足 100 元，远少于非低收入居民在通勤上的开销。可能的原因是低收入群体经济拮据，对通勤费用更为敏感，他们的通勤高度依赖电动自行车、摩托车等低成本且可以出行中等距离的交通工具，但是这也造成他们机动性和移动性不足。

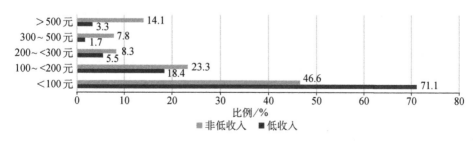

图 4-19 不同收入样本居民月通勤费用对比
* 资料来源：作者自制

值得注意的是,低收入群体总体失业率很高,他们目前就业的时空特征有明显的近家特征,距离可能不是他们在择业时唯一的考虑因素,还有一些低收入居民通勤距离中等,可能是由于家附近的就业机会不足,他们不得不去更远的地方寻找就业机会。对于非低收入群体而言,他们的机动性较好,交通工具选择比较自由,选择就业地点明显更加多样化。从就业机会上看,低收入居民失业率高,就业机会较少,通勤费用较低,通勤时间较短,超长时间、超长距离通勤的低收入居民极少。因此可以看出,低收入居民本身收入没有保障,常常陷入困顿的境地,又因为自身机动性差,承担通勤费用能力较弱,加之公共交通布局公平性不足,就业地点布局不合理等,他们可能会因为寻找不到合适的就业机会持续处于贫困的状态。

4.4 本章小结

本章从日常活动的时间分配、空间分布、出行移动、就业通勤等方面对低收入居民日常活动特征进行分析,同时还和样本中的非低收入居民进行对比,了解低收入居民日常活动的时空特征。总体看,低收入居民工作日平均工作时间偏短,且其中夹杂着娱乐、家务等活动,使得整体活动时间呈现破碎化。在活动空间上,低收入居民的日常生活空间相比非低收入居民更加集中于家附近的区域空间,就业空间范围更为狭窄。从出行移动特征来看,低收入居民的总体出行率和人均出行频率低,日常活动距离较短,单次出行耗时少且出行花费较低,高度依赖公共交通。这些特征体现了低收入居民对出行费用敏感且出行交通工具选择少,最终表现为机动性较差、出行不活跃、出行距离短等结果。

本章比较了低收入居民和非低收入居民的日常活动在时空特征上的差异,这些差异深刻地影响了不同收入居民的日常生活方式和活动空间。此外,社区区位是影响居民日常活动空间的最重要因素之一,后面两个章节将分析在这些因素的作用下,不同收入居民对城市空间利用、公共服务设施获取的情况。

第 5 章 低收入居民城市空间利用和社会空间分异研究

在城市社会生活中,居民对不同的城市空间的利用可以反映他们对以空间为载体的资源和利益再分配的竞争结果(陈浩等,2010)。不同收入居民对城市资源优势区域和相对劣势区域的可达性及利用程度,可以反映其日常生活的公平性。本章将以活动空间为切入点,从活动空间特征和城市空间利用两个角度对不同社会居民的日常活动空间模式进行分析,判断不同收入居民是否存在"时空轨迹的隔离"现象。

5.1 研究思路和方法

活动空间可以用于描述个体在日常生活中对城市空间的实际利用情况和个体移动能力(Golledge et al., 1997),不同个体的活动空间差异越大,其日常活动轨迹交叉越少,交流机会越少,越容易发生隔离现象。微观个体层面的社会空间分异测度目前尚未有统一方法,总结以往文献,以时间地理学为理论基础的社会空间分异研究主要集中在活动空间特征和个体活动与城市空间的交互关系两个方面(Kwan,1998,1999;Wang et al.,2012;Wang et al.,2016)。因此,本节将从活动空间特征和城市空间利用两个方面分析低收入居民和非低收入居民之间是否存在社会空间分异现象,最后建立回归模型对影响个体城市空间利用的因素进行分析。由于区位是影响居民日常活动空间的重要因素,因此在分析的时候,不仅会在总体层面对低收入和非低收入居民的活动空间模式及分异规律进行总结,同时还会基于不同居住区位(住房类型)将受访者分为三组,并分别判断不同区位的低收入和非低收入居民活动空间模式的差异。

5.1.1 活动空间特征指标构建

活动空间是一个具有时间、空间、感知等多维度的概念,西方学者对活动空间的多维特征进行了很多有益探讨。其中,Wang 等(2012)从活动空间的广度(extensity)、强度(intensity)、多样性(diversity)和排他性(exclusivity)等四个维度,构建了活动空间测度指标,并将北京作为实证,对不同住房居民的活动空间特征差异进行分析,据此判断不同类型居民日常活动是否存在社会分异。此后,Wang 和 Li(2017)在这四个指标的基础上进一步将个体活动空间测度指标细分为七个变量,对中国香港的不同收入居民的社会空间分异现象进行分析。借鉴这些研究成果,并综合考虑本书已有数据特点,本书构建"四维度,六指标"评价体系对不同收入居民的活动空间特征进行定量分析。具体计算指标如表5-1所示。

表 5-1 活动空间特征的变量构建

维度	描述	变量
广度	个体活动空间范围,和个体的社会空间流动性(sociospatial mobility)有关。该指标衡量个体在一个区域的获得机会的机动性(mobility)和能力(ability)	个人活动空间的大小(km^2)
强度	个体在一定地点的活动频率和活动持续时间;特定地点在个体日常生活中的重要程度,是活动空间的时间维度	一个调查日中户外活动(out-of-home activities)时间总和(h) 一个调查日中户外非出行活动时间总和(h) 一个调查日中户外非工作非出行活动时间总和(h)
多样性	个体日常空间中的活动类型和活动场所,测度的是个体社会生活的丰富性。个体活动空间多样性越好,其社会生活越丰富,长期的多样性也可能意味着活动空间的重大变化	一个调查日中户外活动地点数量
排他性	排他性测度的是个体活动空间被排斥或隔离的程度。排他性主要由活动场所的可达性和日常生活中使用的交通工具类型决定。乘坐私家车旅行被认为具有比公共交通更高的专用性	一个调查日的出行总时间中使用公共交通、步行或骑自行车/电动自行车/摩托车的出行比例(%)

* 资料来源:作者自制

5.1.2 城市空间利用方法构建

改革开放以后,在中国城市空间重构过程中,不同片区由于经济发展不均衡,其价值差异不断拉大。以南京为例,南京是典型以老城为中心的单中心圈层发展的空间结构(Feng et al.,2008),老城面积仅 47 km^2,但优质公共服务设施高度集中于此,且公交线路密集,就业机会众多,被认为是典型的"优势区位"。相反,以绕城高速为界的外城近郊区设施匮乏、就业机会稀少,一般被认为是"劣势区位"。对个体不同城市空间的利用分析可以了解不同个体在城市空间利用、争夺优势城市空间资源时是否处于劣势。此外,对不同收入居民的城市空间的利用分析可以了解他们对城市空间的偏好,为制定公平的城市发展策略提供理论支撑。

在时间地理学框架下,个体的时间是有限的,其活动空间在一定时间范围必定也是有限的。因此,如果将个体一日的活动空间看作100%,由于个体能力的差异,其对不同类型城市空间的利用会存在差异,但是个体对不同城市空间的使用比例之和为定值100%。因此,可以通过个体一日活动空间中郊区空间、老城、内城和外城所占比例对个体的城市空间利用情况进行量化分析,据此了解该个体利用不同城市空间的能力,尤其是其对居住地所在城市空间和优势资源的城市空间的利用情况。另外,社会学理论指出,利用城市空间偏好类似的人群更有可能在城市生活中相遇并发生交流。如果不同收入居民在不同城市空间利用的程度上差异明显,那么可以认为不同收入居民之间日常活动轨迹交叉很少,他们之间存在明显的活动空间分异。基于以上分析,本节在分析个体的城市空间利用特征时,一方面基于活动空间和城市空间的叠置特性,分析不同样本居民对不同城市空间的使用程度;另一方面,从个体不同类型活动离家距离、分配时间两个方面对不同收入居民对城市空间的利用进行补充分析,以期尽可能全面总结个体对城市空间的利用特征。

在测量个体对城市空间的利用程度时,本书首先基于个体一日活动地点绘制个体的活动空间,然后根据活动空间和城市空间叠置的特征分别计算个体利用不同城市空间的程度。图 5-1 显示的是编号为 JMJY3041 的受访者的个人活动空间以及她对三种不同城市空间的利用。使用该调查者一日的活动地点生成一个标准置信椭圆(95%),根据前文所述的活动空间的定义,该椭圆面积可以认为是个体一日活动空间的大小[图 5-1(a)],记为 S (Newsome et al., 1998);标准置信椭圆和老城、内城和外城的相交面积分别记为 S_1、S_2、S_3[图 5-1(b)],则该个体对老城、内城、外城空间的利用可用以下公式计算:

$$P_i = S_i/S \times 100\% \ (i=1, 2, 3)$$

其中,S_i 为 SDE 在 i 类城市区域的面积,S 为一个人日常活动空间的面积,i 为城市空间的类型。P_1、P_2、P_3 分别是个体对老城、内城和外城的利用程度。

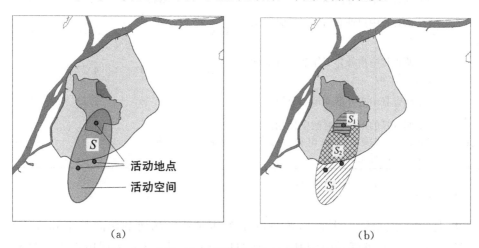

图 5-1　个体对不同类型城市空间的利用计算示意图

注:受访者为女性,42 岁,居住在郊区大型保障房社区,工作在老城区。

＊资料来源:作者自制

5.1.3　影响因素分析方法

在分析不同收入居民对城市空间利用的影响因素时,考虑到居住区位可能对居民城市空间的使用有较大影响,本书将分组构建回归模型,其中因变量为个体对不同城市空间的利用,自变量包括建成环境、居民个体经济属性、活动特征三个方面。

5.2 不同收入居民的活动空间特征

5.2.1 总体层面活动空间特征

表 5-2 显示了总体层面不同收入居民活动空间的特征。广度反映居民日常活动范围的大小,可以看出,无论是工作日还是休息日,低收入居民的活动空间范围远小于非低收入居民的活动空间范围。休息日两类居民差异更大,非低收入居民的活动空间面积均值约为低收入居民的三倍。可能的原因是,休息日低收入居民减少远距离的出行,更多在家附近活动,但是非低收入居民则可以开车前往郊区或者市区进行高品质的休闲娱乐活动,不同的移动能力和活动偏好加剧了两者日常活动空间的差异。

表 5-2 总体层面不同收入样本居民活动空间的特征

维度	变量	工作日		休息日	
		低收入	非低收入	低收入	非低收入
广度	个体活动空间的大小(km^2)	2.86**	4.73**	3.38***	9.63***
强度	一个调查日中户外活动时间总和(h)	8.95***	10.23***	7.71*	8.21*
	一个调查日中户外非出行活动时间总和(h)	8.12***	9.07***	7.00	7.19
	一个调查日中户外非工作非出行活动时间总和(h)	3.21*	2.71*	4.27***	5.00***
多样性	一个调查日中户外活动地点数量	1.49**	1.59**	1.53***	1.69***
排他性	一个调查日的出行总时间中使用公共交通、步行或骑自行车/电动自行车/摩托车的出行比例(%)	94.49	88.42	94.43	49.13

注:*** $p<0.01$,** $p<0.05$,* $p<0.10$。
*资料来源:作者自制

强度是活动空间的时间维度,衡量的是个体对特定场所的访问频率和持续时间。两类居民在休息日户外活动时间都较工作日时有所减少,低收入居民在工作日和休息日的户外活动时间比非低收入居民分别少 1.28 h 和 0.5 h,且方差分析显示两类收入居民的户外活动时间有显著差异。排除出行活动时间后,低收入居民在工作日和休息日的户外非出行活动时间比非低收入居民分别少了 0.95 h 和 0.19 h,且工作日低收入居民的户外非出行活动时间差异显著。和户外活动总时间相比,不同收入居民之间的活动时间差异减小,两类收入居民休息日的户外非出行活动时间没有统计学上的显著差异。这一结果表明,出行时间可能是影响不同收入居民活动空间强度的一个重要因素,低收入居民休息日的外出活动的时间可能并不一定少于非低收入居民,但是由于经济条件和交通工具等限制，低收入居民只能在家附近或者离家不远的地区活动。而非低收入居民有更好的机动性，他们在休息日利用私家车的比例明显提高，更长的出行时间和更快捷的交通工具使得非低收入居民的活动范围也相应更广阔。排除出行时间和与工作相关的活动时间，可以看出，工作日低收入居民在户外非工作非出行活动上花费的时间更多，但是休息日低收入居民在户外非工作非出行活动上花费的时间则少于非低收入居民。这说明与非低收入居民相比，低收入居民工作日工作时间少，周末工作时间却更长，但是就活动强度而言，低收入居民户外的各类活动时间不一定都比非低收入居民少，出行时间和出行工具可能是造成两类社会居民活动空间强度差异的重要原因之一。

在活动空间多样性方面，无论是工作日还是休息日，低收入居民的非在家活动地点都明显少于非低收入居民，这说明低收入居民的户外活动比较单调，多样性不如非低收入居民。根据社会学理论，丰富的活动地点和高度的活动参与有利于提高个体社会网络多样性的构建，低收入居民单调的活动地点可能造成他们交往对象单一，活动环境单调，社会网络单薄，进一步造成他们陷入社会空间的隔离和社会机会的排斥。

在排他性方面，利用私家车出行被认为比乘坐公共交通具有更高的排他性。低收入居民在工作日和休息日使用公共交通工具、步行或骑自行车/电动自行车/摩托车出行的比例差异很小，分别为94.49%和94.43%，这说明低收入居民日常生活确实高度依赖公共交通；而非低收入居民工作日和休息日的公共交通出行比例分别为88.42%和49.13%，可能的原因是，工作日高峰期交通拥堵，非低收入居民同样高度依赖公共交通，但是休息日，非低收入居民使用公共交通的比例显著减少，出行的排他性很强，这是因为非低收入居民经济状态较好，汽车持有量较高，可以选择私家车出行自主选择想去的城市空间。相较之下，无论是工作日还是休息日，低收入居民都高度依赖公共交通，机动性和移动性较差，其出行范围、出行目的等都会受到较强的时空制约。

5.2.2 社区层面活动空间特征

表5-3显示了工作日社区层面不同收入居民活动空间特征。老城传统邻里中，两类收入居民的活动空间在广度、强度、多样性上没有统计学上的显著差异，这说明老城的低收入和非低收入居民日常活动空间类似。值得注意的是，在活动地点的多样性上，低收入居民平均活动地点比非低收入居民多0.21个，这说明老城区的居住区位可能给了低收入居民更公平的访问城市空间的机会。在排他性上，低收入和非低收入居民高度依赖公共交通或步行/自行车等环境友好的交通方式，究其原因，主城区基础设施完善，地铁和公交线路密集，共享单车等新型交通工具供应充足等，即使是非低收入居民，也较少使用排他性强的私家车或出租车。此外，居住在老城区的低收入和非低收入居民使用私家车和出租车出行的比例是三类社区样本中最低的。

表 5-3　工作日社区层面不同收入样本居民活动空间特征

维度	变量	老城传统邻里(N1)		内城衰退单位社区(N2)		郊区大型保障房社区(N3)	
		低收入	非低收入	低收入	非低收入	低收入	非低收入
广度	个体活动空间的大小(km²)	2.69	3.93	3.86	5.36	2.32**	4.53**
强度	一个调查日中户外活动时间总和(h)	9.27	9.27	8.93***	10.42***	8.87***	10.39***
	一个调查日中户外非出行活动时间总和(h)	8.36	8.40	8.42**	9.39**	7.94**	9.09**
	一个调查日中户外非工作非出行活动时间总和(h)	3.04	3.16	3.89	3.65	3.90***	3.19***
多样性	一个调查日中个体户外活动地点数量	1.67	1.46	1.62	1.78	1.37**	1.50**
排他性	一个调查日的出行总时间中使用公共交通、步行或骑自行车/电动自行车/摩托车的出行比例(%)	97.25	93.33	90.91	69.61	88.52	72.54

注：*** $p<0.01$，** $p<0.05$。
* 资料来源：作者自制

内城衰退单位社区中，尽管低收入居民的活动空间范围小于非低收入居民，但是没有统计上的显著差异。从活动空间的强度上看，低收入居民工作日户外活动总时间比非低收入居民少 1.49 h，方差分析显示两者差异显著；除去出行活动后，两类收入居民的户外活动时间仍然显著，这说明他们在静态城市空间的利用上仍然有显著差别；低收入居民和非低收入居民工作日非工作非出行活动时间分别为 3.89 h 和 3.65 h，这说明低收入居民的活动空间强度并不一定比非低收入居民低，但是工作活动和出行活动增加了他们之间的差异。从活动空间的多样性上看，低收入户外访问地点比非低收入居民少 0.16 个。从排他性上看，低收入居民使用公共交通的出行比例为 90.91%，远高于非低收入居民的 69.61%。值得注意的是，单位社区的非低收入居民活动空间排他性是三类社区中最强的。

郊区大型保障房社区中，低收入居民的活动空间范围仅为非低收入居民的一半左右，两类社会居民的活动空间范围差异显著。两类收入居民的活动空间强度的三个指标差异显著，和非低收入居民相比，低收入居民户外活动时间和户外非出行时间都明显更少，但是非工作非出行户外活动时间却比较多。这个结果和内城衰退单位社区类似，出行时间和工作时间是造成保障房社区不同收入居民户外活动时间差异的重要因素。另外，对户外非工作非出行活动时间的比较表明，低收入居民在非工作时间也愿意在户外进行购物、休闲等活动。低收入和非低收入居民工作日访问的户外活动地点分别是 1.37 个和 1.50 个,方差检验结果说明两者在活动空间的多样性上差异显著。值得注意的是,保障房社区的低收入居民的户外访问地点是三个社区中最少的,这说明他们日常生活空间最单调,最容易被社会孤立。在排他性上,低收入居民使用公共交通的出行比例高于非低收入居民,但是两类收入居民之间差值不大,这意味着保障房社区的两类收入居民在工作日都更多使用公共交通或骑自行车/摩托车等出行。

表 5-4 显示的是休息日社区层面不同收入居民活动空间特征。老城传统邻里中,不同收入居民的活动空间在广度、强度、多样性上没有统计学上的显著差异。休息日低收入居民户外活动时间比非低收入居民还要多 0.09 h,这和其他社区情况明显不同,说明老城传统邻里的低收入居民户外活动更加活跃。此外,低收入居民非出行户外活动时间比非低收入居民更长,而其非工作非出行时间则比非低收入居民要短。这说明相较出行时间,制约老城传统邻里低收入居民户外活动强度的主要因素更可能是其较长的工作时间。在多样性和排他性方面,不同收入居民户外活动地点数相同,且出行都高度依赖公共交通。总体而言,老城传统邻里的不同收入居民在休息日的活动空间类似,从活动时间上看,低收入居民户外活动更加活跃。

表 5-4 休息日社区层面不同收入样本居民活动空间特征

维度	变量	老城传统邻里(N1)		内城衰退单位社区(N2)		郊区大型保障房社区(N3)	
		低收入	非低收入	低收入	非低收入	低收入	非低收入
广度	个体活动空间的大小(km^2)	2.75	5.26	1.42***	7.30***	4.76**	12.61**
强度	一个调查日中非在家活动时间总和(h)	7.60	7.51	8.08	8.44	7.70**	8.44**
	一个调查日中非在家非出行活动时间总和(h)	6.77	6.65	7.48	7.39	6.94	7.38
	一个调查日中非在家非工作非出行活动时间总和(h)	4.42	4.51	4.45**	5.36**	4.87***	5.79***
多样性	一个调查日中户外活动地点数量	1.71	1.71	1.83	1.95	1.29***	1.50***
排他性	一个调查日的总出行时间中使用公共交通、步行或骑自行车/电动自行车/摩托车的出行比例(%)	96.96	93.30	92.97	65.57	83.71	61.60

注:*** $p<0.01$,** $p<0.05$。

* 资料来源:作者自制

内城衰退单位社区中,不同收入居民活动空间范围差异极大,非低收入居民活动空间范围是低收入居民的5倍。两类收入居民休息日的非在家活动时间和非在家非出行活动时间差异不明显,但是低收入居民的非工作非出行活动时间比非低收入居民短,这说明对于单位社区的居民而言,工作时间是影响其户外活动时间的重要因素,低收入居民休息日工作时间比非低收入居民长,可能造成他们户外活动时间差异加大。两类收入居民活动空间在多样性上没有明显差异。

在排他性上,低收入居民更加依赖公共交通,但是和工作日相比,两类收入居民利用公共交通的时间比例类似,这说明单位社区的非低收入和低收入居民使用公共交通的比例习惯较为固定,并没有因为工作日和休息日的变化更改出行方式。

尽管低收入居民的活动空间范围小于非低收入居民,但是两者没有统计上的显著差异。低收入居民的活动空间强度低于非低收入居民,出行时间仍然是影响单位住区居民户外活动时间的重要因素。低收入居民户外访问地点比非低收入居民少0.12个,但是并没有统计学上的显著意义。在排他性上,低收入居民使用公共交通的出行比例为90.91%,远高于内城衰退单位社区非低收入居民的69.61%。值得注意的是,内城衰退单位社区的非低收入居民活动空间排他性最强。

郊区大型保障房社区中,低收入居民的活动空间范围仅为非低收入居民的一半,两类社会居民活动空间范围差异显著。低收入居民休息日户外活动时间和户外非出行非工作时间明显少于非低收入居民,且可以看出,出行时间和工作时间的不同加大了两类社会居民户外活动时间的差异。郊区大型保障房社区的低收入居民的户外活动地点明显少于非低收入居民。值得注意的是,对比三类社区居民,郊区大型保障房社区的低收入居民的活动地点仍然是最少的,这意味着他们的日常活动空间在休息日仍然是最单调、最容易被排斥的。从排他性上看,休息日郊区大型保障房社区的低收入居民使用公共交通或步行或骑自行车等交通工具出行的比例和工作日相比没有明显变化,但是非低收入居民使用公共交通出行的比例则显著减少。休息日两类收入居民在交通工具的选择上有极大的差异,郊区大型保障房社区的低收入居民在出行上仍然高度依赖公共交通、电动自行车、摩托车等,而非低收入居民在休息日则更多驾驶私家车出行。

5.3 基于城市空间利用的社会空间分异

对不同城市空间的利用是研究时空行为分异的重要内容。观察不同社会居民对不同类型城市空间的利用情况,不仅可以了解弱势居民对城市的时空需求,还可以了解社会居民组间和组内是否存在时空活动的不公平现象。本节将从总体和社区层面对不同收入居民城市空间的利用进行分析。

5.3.1 不同城市空间利用

表5-5显示的是低收入居民和非低收入居民对不同城市空间的利用情况。在总体层

表 5-5 低收入群体和非低收入群体对不同城市空间的利用程度

单位：%

社区类型		工作日						休息日					
		老城(P1)		内城(P2)		外城(P3)		老城(P1)		内城(P2)		外城(P3)	
		非低收入	低收入	非低收入	低收入	非低收入	低收入	非低收入	低收入	非低收入	低收入	非低收入	低收入
老城传统邻里	平均值	73.5	70.8	25.0	26.2	1.5	3.0	74.9	75.8	24.0	23.1	1.1	1.2
	中值	80.1	76.5	19.9	23.5	0.0	0.0	80.1	77.2	19.9	22.8	0.0	0.0
	方差	22.4	26.6	20.1	22.8	6.0	11.7	21.9	22.9	20.3	21.1	5.8	5.1
内城衰退单位社区	平均值	14.0***	8.0***	76.8***	88.3***	9.2***	3.7***	11.3***	7.7***	79.5***	89.1***	8.3***	3.2***
	中值	5.2	0.0	82.2	100.0	0.0	0.0	0.0	0.0	91.9	100.0	0.0	0.0
	方差	16.9	15.3	25.6	20.8	15.3	10.4	15.3	14.4	25.1	20.1	16.1	10.3
郊区大型保障房社区	平均值	5.5	3.7	25.9***	15.5***	68.6***	80.8***	5.3*	3.5*	24.2***	14.0***	70.4***	82.5***
	中值	0.0	0.0	31.5	0.0	64.8	100.0	0.0	0.0	27.4	0.0	71.7	100.0
	方差	10.8	9.0	20.4	20.2	25.4	25.6	10.2	8.2	21.0	18.8	26.0	24.0
总体样本	平均值	18.8	16.2	44.4	40.1	36.8**	43.7**	17.7	15.4	43.9	39.2	38.1**	45.3**
	中值	0.0	0.0	40.8	33.1	32.3	38.1	0.0	0.0	39.2	29.3	37.4	40.8
	方差	27.9	28.8	33.3	38.9	0.4	0.4	27.9	28.5	34.7	39.4	38.4	44.0

注：*** $p<0.01$，** $p<0.05$，* $p<0.10$。
* 资料来源：作者自制

面,无论是工作日还是休息日,低收入居民对老城和内城的利用都少于非低收入居民,他们利用城市中心附近区域的机会比较少。在对外城空间的利用上,低收入和非低收入居民工作日外城空间利用的平均比例分别是 43.7% 和 36.8%,休息日则分别是 45.3% 和 38.1%,这说明休息日两类收入居民对外城空间利用增加,但是低收入居民更加依赖外城空间。

总体层面,不同收入居民在对老城和内城空间的利用上并没有统计学上的显著差异,但是不同收入居民在外城空间的利用上差异明显:与非低收入居民相比,低收入居民日常活动利用城市中心附近区域的机会较少,他们日常活动更多集中在外城空间。

社区层面,居住在不同区位的居民在城市空间利用上符合地理衰减规律,具体表现是,居民更多利用他们住区所在的城市空间,对距离他们所在社区越远的城市空间利用机会越少。不同类型社区的低收入和非低收入居民对城市空间利用存在差异。在老城传统邻里,无论是工作日还是休息日,不同收入居民在城市空间利用方面没有显著差异。值得注意的是,老城传统邻里的低收入居民对老城、内城、外城的利用比例分别为 70.8%、26.2%、3%,而非低收入居民对这三类城市空间的利用比例分别是 73.5%、25%、1.5%,这说明工作日老城低收入居民相较非低收入居民,有更高比例会利用老城以外的空间。可能的原因是,老城传统邻里的低收入居民中有大量流动人口,他们为了便利的生活和降低生活开支而选择在主城区租住破旧的传统邻里住房。这些流动低收入者中,很多从事快递、外卖配送、个体维修等非稳定工作,这些工作常常会有主城区到郊区的逆向通勤。而老城传统邻里的非低收入居民大多在城市中心有固定工作,且工作地多位于居住地附近,因此相对更加依赖本地空间。

5.3.2 不同活动时间分配和城市空间的关系

在特定地理空间的持续活动时间是活动空间的强度表征,是个体在不同城市空间活动的重要特征之一。表 5-6 是不同收入居民在不同城市空间的时间分配的差异。总体层面,工作日,相比非低收入居民,低收入居民在老城的工作时间较少,但是购物和休闲活动时间更多。在内城空间利用上,低收入居民在内城的工作时间比非低收入居民少了近 1 h,且差异显著,这说明非低收入居民在就业活动上更能有效利用城市优势空间。两类收入居民在利用外城空间进行购物和休闲活动时有显著差异,低收入居民花费更多时间在外城空间进行购物和休闲等日常活动。休息日,两类收入居民在老城空间的时间分配上没有显著差异;在内城空间利用上,非低收入居民花费更多时间在内城空间进行休闲和其他活动,且差异显著;在外城空间利用上,低收入居民花费更多的时间在外城进行工作活动。

可以看出,在总体层面,低收入居民更多依赖外城空间进行购物、休闲等日常活动,而非低收入居民则表现为工作日主要在老城进行工作活动,休息日则更多利用内城空间进行娱乐休闲等活动。在社区层面,工作日,老城传统邻里的低收入和非低收入居民在三类城市空间的活动时间没有显著差异。内城衰退单位社区中,低收入居民在老城的工作时间和其他活动时间都比非低收入居民要少,这说明他们在本地空间(内城)花费更多时间进行私事、家务等其他活动。与此同时,单位社区的低收入居民在外城空间分配的工作时间显著少于非低收入居民,这说明单位社区的低收入居民在城市空间利用上高度依赖本地

第5章 低收入居民城市空间利用和社会空间分异研究

表 5-6 不同收入样本居民在不同城市空间的时间分配的差异

单位: min

活动地点	活动类型	工作日 N1 非低收入	工作日 N1 低收入	工作日 N2 非低收入	工作日 N2 低收入	工作日 N3 非低收入	工作日 N3 低收入	工作日 ALL 非低收入	工作日 ALL 低收入	休息日 N1 非低收入	休息日 N1 低收入	休息日 N2 非低收入	休息日 N2 低收入	休息日 N3 非低收入	休息日 N3 低收入	休息日 ALL 非低收入	休息日 ALL 低收入
老城	工作	226.1	218.1	92.2*	50.7*	71.9	53.3	88.2	79.7	102	101.1	20.6	30.6	16.4	19.0	28.6	36.2
	购物	21.6	33.9	0	1.6	0	2.4	43.3	7.3**	3.2**	56.1	15.4	4.7	14.6	32.2	19.1	13.9
	休闲	79.0	88.1	5.0	7.7	3.6	2.6	126.6	18.3	15.3	119.6	13.0	3.2	19.3*	6.9*	33.0	24.3
	其他	24.8	22.9	14.8**	2.9**	4.9	12.4	36.6	11.2	11.4	30.2	19.7	7.6	5.4	10.8	15.1	13.0
内城	工作	102.1	83.8	236.9	239.0	171.2***	73.8***	184.4***	127.3***	60.6	22.9	111.7	161.6	47.5*	25.7*	72.4	67.9
	购物	1.4	0	20.6	22.2	1.9	3.3	8.5	8.7	4.9	2.6	35.5	36.0	16.7	9.8	21.6	16.8
	休闲	19.0	7.3	100.4	99.8	11.4**	3.0**	44.4	34.1	11.5	18.6	115.3	121.7	35.9**	8.8**	60.6*	45.9**
	其他	1.7	1.7	32.2*	53.3*	10.8	5.6	17.1	19.9	4.3	10.9	60.2	64.8	38.4***	13.8***	41.1***	29.3*
外城	工作	26.5	35.6	52.6**	18.1**	146.3	146.2	95.0	87.7	11.0	26.1	8.2	10.8	52.5**	99.4**	30.5**	59.5**
	购物	0	0	0	0.2	14.7***	25.4***	7.3***	13.3***	0	0	2.5	0.2	31.9	25.5	16.7	13.4
	休闲	0	10.3	0.6	0.5	83.6**	113.5**	41.5**	61.0**	1.2	12	30.0***	0	107.5**	142.5**	64.0	76.3
	其他	1.7	0	3.4	1.4	25.9	35.0	14.3	18.7	11.0	0	4.3	0.9	51.7	44.3	28.7	23.4

*** $p<0.01$, ** $p<0.05$, * $p<0.10$。

资料来源: 作者自制

空间,非低收入居民则会更多地利用老城和外城等非本地空间进行就业、私事等活动。郊区大型保障房社区中,两类收入居民在老城的活动时间都很少,且方差分析说明两者之间没有明显差异,但是在内城空间利用上,非低收入居民的工作时间比低收入居民多约 1.5 h,休闲活动时间也多于低收入居民,而低收入居民比非低收入居民花费了更多的时间在外城进行购物和休闲活动。这说明郊区大型保障房社区的低收入居民日常生活高度依赖本地空间,在利用内城空间,尤其是进行工作活动时处于明显的劣势地位。

休息日,老城传统邻里的低收入居民和非低收入居民在三类城市空间的活动时间分配没有显著差异。内城衰退单位社区中,两类收入居民在城市空间利用上的差异相较工作日有所减小,低收入居民和非低收入居民在老城和内城的活动时间分配上没有显著差异。在外城空间利用上,低收入居民在外城没有休闲活动,但是非低收入居民在外城的休闲活动时间为 30 min,方差检验显示他们的外城休闲活动时间差异显著,可能的原因是单位社区的非低收入居民在休息日会利用外城空间进行一些高品质的休闲活动。郊区大型保障房社区中,两类收入居民休息日在老城和内城的活动时间相比工作日都有所增加,但是他们在不同城市空间的时间分配上差异更大了:低收入居民比非低收入居民花费更少的时间在老城进行休闲活动,在内城进行工作、购物、休闲和其他活动,但是在外城却花费更多时间进行工作和休闲活动。

5.3.3 不同活动离家距离和城市空间的关系

活动距离是活动空间的广度指标,是居民不同活动范围和模式的重要特征之一,在一定程度上可以解释个体的移动能力。表 5-7 显示了低收入居民和非低收入居民离家活动在距离上的差异。总体层面,低收入居民在工作日和休息日的工作活动、休闲活动及其他个人活动的离家距离都比非低收入居民短,且方差分析结果显示两者之间有显著差异。低收入居民工作活动在工作日和休息日的距离平均值分别为 3.44 km 和 2.90 km,而非低收入居民则为 5.21 km 和 4.46 km,可以看出,低收入居民的就业空间明显更加狭小。此外,低收入居民休闲活动和购物活动的距离平均值都在 1 km 之内,这说明低收入居民日常生活范围也相当狭小,日常非工作活动呈现明显的近家特征。

在社区层面,不同收入居民的活动地点明显不同。老城传统邻里居民样本中,无论是工作日还是休息日,低收入和非低收入居民的各类活动离家距离没有显著差异。内城衰退单位社区居民样本中,无论是工作日还是休息日,低收入居民的工作、休闲和其他个人活动距离都比非低收入居民要短,但他们的购物活动没有差异,50% 的低收入居民和非低收入居民的购物活动集中在 0.4 km 的狭小范围内,这说明社区内部 5 min 的步行半径内可以满足他们的购物需求。在郊区大型保障房社区,与非低收入居民相比,低收入居民的工作、购物、休闲和其他个人活动距离明显更短,且差异明显。可以看出,不同社区的低收入居民的工作活动都比非低收入居民离家更近,而且单位社区和保障房社区的低收入居民日常的购物、休闲和其他个人活动都高度依赖社区附近空间。值得注意的是,对比三个社区居民的活动距离,保障房社区的低收入居民和非低收入居民的工作地点距家最远,可能的原因是郊区就业机会相对较少,保障房居民需要长距离通勤去往其他城市空间寻找就业机会。

第5章 低收入居民城市空间利用和社会空间分异研究

表 5-7 不同收入样本居民户外活动离家距离比较

单位:km

社区类型		工作日								休息日							
		工作		购物		休闲		其他		工作		购物		休闲		其他	
		非低收入	低收入	非低收入	低收入	非低收入	低收入	非低收入	低收入	非低收入	低收入	非低收入	低收入	非低收入	低收入	非低收入	低收入
N1	平均值	3.38	2.74	0.63	0.58	0.60	0.92	1.93	1.39	2.88	2.45	0.75	0.66	1.22	1.00	2.21	1.52
	中值	2.57	1.86	0.81	0.36	0.53	0.47	0.37	0.88	2.57	1.56	0.88	0.36	0.58	0.43	1.29	1.10
	方差	3.28	3.30	0.54	0.68	0.52	2.13	2.98	1.50	3.29	2.83	0.56	0.63	1.98	2.18	2.61	1.36
N2	平均值	4.55***	2.62***	0.41	0.80	1.02**	0.64*	3.43***	1.26***	3.80***	2.33**	1.31	0.82	1.94***	0.43***	3.71***	1.60***
	中值	3.27	0.68	0.37	0.37	0.32	0.27	1.88	0.28	1.47	0.38	0.40	0.37	0.35	0.25	0.65	0.31
	方差	4.96	3.73	0.40	2.08	1.99	1.58	4.11	2.60	5.03	3.89	2.29	1.80	4.64	0.74	4.97	3.05
N3	平均值	6.23***	4.27***	0.53	0.78	1.37***	0.45***	4.08***	2.7**	5.68**	3.84**	2.76***	1.36***	2.41***	0.79***	4.40***	2.56***
	中值	4.24	1.76	0.26	0.25	0.20	0.20	1.41	0.28	3.53	1.05	0.28	0.26	0.22	0.20	1.78	0.26
	方差	5.64	4.82	1.03	1.80	3.36	1.25	5.28	4.23	5.98	5.04	4.40	2.85	4.25	2.54	5.54	4.12
All	平均值	5.21***	3.44***	0.50	0.75	1.13***	0.58***	3.57***	2.00***	4.46***	2.9***	1.96***	1.0***	2.05***	0.72***	3.95***	2.10***
	中值	3.37	1.56	0.27	0.26	0.27	0.22	1.18	0.29	2.49	0.92	0.39	0.27	0.30	0.21	1.38	0.28
	方差	5.22	4.29	0.76	1.74	2.64	1.53	4.66	3.47	5.32	4.34	3.50	2.28	4.16	2.12	5.16	3.57

注:*** $p<0.01$,** $p<0.05$,* $p<0.10$。
*资料来源:作者自制

5.4 不同收入居民利用城市空间的影响因素分析

5.4.1 模型构建及变量筛选

根据数据特点,采用有序逻辑回归模型(ordinal logistic regression models)对个体利用不同类型城市空间的影响因素进行回归分析。由前文可知,居住在老城传统邻里和郊区大型保障房社区的居民很少利用离他们家最远的城市空间,为了避免因个体在城市空间分布不均匀而导致的 0 值过多进而影响模型的拟合和最终结果,在建模之前,居住在老城传统邻里社区和内城衰退单位社区的被调查者被合并为一组以减少 0 值,居住在郊区大型保障房社区的被调查者则单独为一组。换言之,原有居民按照是否居住在中心城区分成两组:一组为生活在中心城区的样本居民,另一组为生活在外城区的样本居民。同样地,我们将个体对城市空间的利用也按照地理位置分为两类:个体对中心城区空间的利用(P1 和 P2 的总和)、个体对外城区空间的利用(P3)。

在变量设置上,模型中的因变量分别是样本居民个体对中心城区空间的利用、样本居民个体对外城区空间的利用。模型自变量的选择参考了大量同类研究,并根据本书数据特点最终确定(表 5-8),所有自变量通过共线检验(VIF<10)。自变量包括参与者的社会经济因素和建成环境因素,其中社会经济因素包括收入、性别、户口、年龄、教育程度、汽车持有和就业状况等变量,建成环境因素包括工作地附近 POI 密度和家到最近地铁站的最短路网距离。由于个体在工作日和休息日有明显不同的活动模式,因此需要分别对不同调查日的个体活动进行分析。综上所述,考虑居民的居住区位和活动时间,最终构建了 2 组 8 个有序逻辑回归模型,分别分析不同调查日影响居住在不同城市区位的个体对城市空间利用的因素。

表 5-8 个体利用城市空间的影响因素模型解释变量

变量	变量类别	备注
低收入	虚拟变量	0=非低收入,1=低收入
性别	虚拟变量	0=男性,1=女性
户口	虚拟变量	0=没有南京户口,1=有南京户口
年龄		
29 岁及以下	虚拟变量	
30~59 岁	参照变量	
60 岁及以上	虚拟变量	
教育程度		
初中及以下	参照变量	
高中	虚拟变量	

(续表)

变量	变量类别	备注
本科/大专及以上	虚拟变量	
汽车持有	虚拟变量	0=没有小汽车,1=拥有小汽车
就业状况		
有工作	虚拟变量	0=没有工作,1=有工作
退休	虚拟变量	
工作地附近POI密度	连续变量	基于工作地点1 000 m范围之内
家到最近地铁站的距离	连续变量	最短路网距离

* 资料来源:作者自制

5.4.2 逻辑回归模型结果及分析

1) 工作日居民利用城市空间的影响因素分析

表5-9是工作日城市空间利用的影响因素分析结果。四个模型的 The likelihood ratio chi-square 值都显著,且所有模型的 Pseudo R-Square 值都在能接受的范围,对比同类时空行为研究的回归结果(Zhang et al. ,2019;塔娜等,2017),本书构建的回归模型拟合度较好。从回归结果来看,在工作日,收入变量只对外城居民对中心城区空间的利用有显著影响,这说明收入只是影响居民利用不同城市空间的影响因素之一。对于居住在外城的受访者而言,低收入居民对中心城区空间的利用明显比非低收入居民要少。此外,受过高等教育、有工作、工作场所附近有更多的商业设施的外城居民在利用中心城区空间上有明显优势。从优势比(Odds ratio)值可以看出,就业状况是影响个体利用中心城市的重要因素,这说明有工作的居民有更多利用老城和内城的机会。但是对于居住在中心城区的受访者来说,收入并不是影响他们利用城市空间的重要因素。女性、低教育水平、工作场所附近商业设施较多的中心城区居民更多利用中心城区空间,这说明公共服务设施配套较完善、商业服务业就业机会密集的老城和内城,对弱势居民的日常生活有更大的吸引力。有南京户口的男性、青年(16~29岁)、受过高等教育的受访者往往会利用更高比例的外城区空间。可能的原因是,近郊分布有较多的高新技术产业园,这些企业可以为高学历的新就业居民提供大量就业岗位。Odds ratio 值表明,就业状态和受教育水平是影响中心城区居民利用郊区空间的最重要因素。

2) 休息日居民利用城市空间的影响因素分析

表5-10是休息日受访者利用中心城区空间和外城区空间的影响因素分析。从回归结果来看,休息日,收入不仅是影响外城居民利用中心城市的重要因素,而且是影响他们利用本地空间的重要因素。与非低收入的外城居民相比,外城低收入居民利用中心城区空间的机会明显更少,他们日常生活更多依赖本地空间(外城区空间)。此外,受教育程度和工作地附近的公共服务设施情况以及年龄也会影响外城居民对城市空间的利用。具体而言,文化水平更高、工作地附近POI密度更大的外城居民会利用更多的中心城区空间,同时减少对外城区空间的依赖;60岁及以上的外城居民会减少对中心城区空间的利用,而增加对外城区空

表 5-9 工作日样本居民利用城市空间的影响因素分析

	居住在外城区				居住在中心城区			
	中心城区空间使用		外城区空间使用		中心城区空间使用		外城区空间使用	
	Coef.	Odds ratio	Coef.	Odds Ratio	Coef.	Odds ratio	Coef.	Odds Ratio
低收入(参考项:非低收入)	−0.576**	0.562	0.274	1.315	0.149	1.161	−0.357	0.700
性别(参考项:女性)	0.094	1.099	−0.072	0.931	−0.433**	0.649	0.672**	1.957
户口(参考项:没有南京户口)	0.277	1.320	−0.237	0.789	−0.292	0.747	1.300***	3.670
年龄(参考项:30~59岁)								
29岁及以下	0.278	1.320	−0.372	0.689	−0.483	0.617	0.974**	2.649
60岁及以上	−0.653	0.520	0.502	1.652	−0.010	0.990	−0.530	0.589
受教育水平(参考项:初中及以下)								
高中	0.617**	1.853	−0.484**	0.616	0.016	1.016	0.164	1.178
本科/大专及以上	0.381	1.464	−0.535*	0.586	−0.979***	0.376	1.245***	3.474
汽车持有(参考项:没有汽车)	−0.371	0.690	0.270	1.310	0.029	1.029	−0.010	0.990
就业状况(参考项:没有工作)								
有工作	1.493***	4.449	−1.212***	0.297	−0.733**	0.481	2.559**	12.925
退休	0.547	1.728	−0.614	0.541	−0.197	0.821	0.986	2.679
工作地附近POI密度	2.5×10^{-4}***	1.000	-2.5×10^{-4}***	1.000	6.82×10^{-5}***	1.000	-5.0×10^{-5}	1.000
家到最近地铁站的最短路网距离	0.001	1.001	-3.6×10^{-4}	1.000	−0.001	0.999	0.001*	1.001
The likelihood ratio chi-square	217.3***		195.5***		41.7***		105.7***	
Pseudo R-Square	0.464		0.430		0.114		0.265	

注:*** $p<0.01$,** $p<0.05$,* $p<0.10$。
* 资料来源:作者自制

第5章 低收入居民城市空间利用和社会空间分异研究

表 5-10 休息日样本居民利用城市空间的影响因素分析

	居住在外城区				居住在中心城区			
	中心城区空间使用		外城区空间使用		中心城区空间使用		外城区空间使用	
	Coef.	Odds Ratio	Coef.	Odds Ratio	Coef.	Odds Ratio	Coef.	Odds Ratio
低收入(参考项:非低收入)	−0.595**	0.552	0.614***	1.847	0.143	1.153	−0.551	0.577
性别(参考项:女性)	0.165	1.180	−0.082	0.921	−0.320	0.726	0.244	1.276
户口(参考项:没有南京户口)	−0.074	0.928	−0.085	0.918	−0.074	0.929	0.207	1.230
年龄(参考项:30~59岁)								
29岁及以下	−0.182	0.834	0.009	1.009	−0.616*	0.540	0.343	1.410
60岁及以上	−0.969**	0.380	0.309	1.362	−0.089	0.915	−0.254	0.775
受教育水平(参考项:初中及以下)								
高中	0.612**	1.844	−0.543**	0.581	0.187	1.206	0.332	1.394
本科/大专及以上	0.338	1.402	−0.223	0.800	−0.820***	0.441	1.547***	4.699
汽车持有(参考项:没有汽车)	0.016	1.016	0.086	1.090	0.089	1.093	0.114	1.121
就业状况(参考项:没有工作)								
有工作	0.443	1.557	−0.358	0.699	−1.248***	0.287	1.917**	6.802
退休	0.027	1.027	0.389	1.476	−0.568	0.567	0.431	1.539
工作地附近POI密度	1.0×10^{-4}***	1.000	-9.9×10^{-5}***	1.000	4.5×10^{-5}	1.000	-7.2×10^{-5}**	1.000
家到最近地铁站的最短路网距离	3.5×10^{-4}	1.000	−0.001	0.999	−0.001*	0.999	0.004***	1.004
The likelihood ratio chi-square	91.9***		78.3***		45.4***		79.9***	
Pseudo R-Square	0.228		0.198		0.128		0.214	

注:*** $p<0.01$,** $p<0.05$,* $p<0.10$。
* 资料来源:作者自制

间的依赖。文化水平高的外城居民在空间利用上占据优势，他们更容易在内城和老城找到工作，而居住在外城的老年人机动化低，更多地会在社区所在的城市空间活动。从Odds Ratio值来看，休息日，居民的学历和工作地附近POI密度是影响外城居民利用中心城区空间最重要的因素，而收入则是外城居民利用本地空间最重要的因素，这说明虽然都居住在外城的社区，但是不同社会属性的居民对城市空间的利用是不同的，收入的高低直接影响居民对优势空间（中心城区）的利用，对设施相对匮乏的外城区空间利用减少。

对于居住在中心城区的受访者而言，收入并不是影响他们利用城市空间的显著因素，但是年龄、受教育水平、就业状态、工作地附近POI密度、家到最近地铁站的最短路网距离对他们的城市空间利用有显著影响。具体而言，29岁及以下的青年、受教育程度在本科及以上、有工作的中心城区居民会减少对本地空间的利用，而增加对外城区空间的利用，此外，家到最近地铁站距离越远，中心城区居民也会减少对本地空间的利用而更多利用外城区空间。一方面，青年人、文化程度高、有工作的中心城区居民经济条件较好，机动性强，对生活品质要求高，更倾向于去外城区空间进行休闲娱乐活动；另一方面，家附近的地铁站较远会直接影响居民对交通工具的选择，内城居民可能因为公共交通不方便而选择私家车等更私密快捷的交通工具，私家车的使用又会增加他们前往路况通畅、环境优美的外城区进行活动的可能。

5.5 本章小结

本章首先基于已有的研究成果，选取活动空间不同维度的特征指标，对不同收入居民的活动空间特征进行定量分析，结论如下：

对比不同收入居民的活动空间特征，总体层面上，低收入居民活动范围小，户外活动时间偏少，户外活动空间单调，出行高度依赖交通工具。社区层面这种差异有所不同，老城传统邻里社区的低收入居民和非低收入居民的活动空间特征类似，内城衰退单位社区内不同收入居民的活动空间在广度和强度上有所差异，郊区大型保障房社区的不同收入居民在活动空间的广度、强度、多样性和排他性上都有明显差异，这说明郊区大型保障房社区的不同收入者在活动空间上具有明显异质性。

对比不同收入居民的活动对城市空间的利用，总体层面上，不同收入居民在内城空间利用上差异不明显，但是在外城空间利用上差异显著。在社区层面，老城传统邻里社区的不同收入居民在城市空间利用上差异不明显，但是内城衰退单位社区的低收入居民对本地空间明显更加依赖，郊区大型保障房社区的低收入居民是三类社区中最依赖本地空间的。活动距离分析结果显示，内城衰退单位社区的低收入居民的工作活动距离较短，郊区大型保障房社区的低收入居民工作地距离家最远。逻辑回归模型结果显示，收入对居住在不同城市区位的居民的城市空间利用的影响并不相同，收入不是影响内城居民利用城市空间的最主要因素，但却是影响外城居民利用城市空间的重要因素，个体的活动空间和个体对城市空间的利用受家庭属性、建成环境及收入共同影响。

第6章 低收入居民公共服务设施可达性和社会排斥研究

评估低收入居民非经济方面的社会排斥是关注低收入居民生活质量、维护社会公平的重要研究内容。不同收入居民可能因为经济水平的差异呈现出不同的活动模式和设施可达性,一方面,从总体层面来说,不同收入居民的设施可达性会有所差异,另一方面,即使住在同一社区的居民,可能也会有不一样的设施可达性。本章首先利用POI数据和访谈资料对不同社区的公共服务设施配套进行定性分析,然后从个体微观视角构建设施可达性的评估方法,从总体和社区两个层面对低收入居民的设施可达性进行评估,样本中的非低收入受访者的设施可达性将用作对比分析。

6.1 研究思路和数据来源

6.1.1 研究思路

社会排斥是指人们在参与社会活动时受到各种各样阻碍的现象,如交通设施布局、住房分配政策的不公平导致弱势居民被剥夺公平有效参与社会生活的机会(Silver,1994;Social Exclusion Unit,2003;Krivo et al.,2013)。尽管社会排斥很难直接衡量,但已有研究表明,它可以通过基于移动视角的可达性来检验(Farrington et al.,2005;Casas,2007)。处于劣势的个体或社会居民,如低收入者、妇女、穷人、老人、儿童和残疾人等,可能面临更高的社会排斥风险(Cass et al.,2005)。国外基于活动空间评估个体设施可达性的研究已经积累了丰富的成果,在研究对象上涉及女性、儿童、低收入居民、少数民族、老年人等不同类型的社会居民,在研究客体的公共服务设施上涉及食品店、商业服务设施、医疗保健设施等。但是,以往的可达性研究主要侧重单一类型的公共服务设施的评价,如公园(Chang et al.,2011)、卫生保健设施(Peters et al.,2008)、食品店等(Kestens et al.,2010)。然而,每种类型的公共设施只能满足居民特定的需求(Tsou et al.,2005),个体对多种公共服务设施的可达性的综合评估尚未得到足够的重视。

低收入居民日常使用的公共服务设施中,不同种类的设施对其生活质量的影响程度不尽相同,例如,Witten等(2003)认为居民生活中最主要的是娱乐设施、公共交通和通信设施、购物和银行设施、教育设施、卫生服务设施和社会文化服务设施等六种;汪徽和王承慧(2016)认为保障房居民对教育设施要求最高,但是其满意度却最低;曾文等(2017)通过问卷调查得出如下结论,居民普遍认为商业服务设施最重要,其次为小学、医院、中学、公园水域等。将不同种类的公共服务设施对居民生活的重要性纳入设施可达性的分析,在制定政策时重点关注居民当前生活最需要的设施,有助于对个体设施可达性进行更加真实的评估。

基于以上思路,本书首先利用POI数据和访谈资料对不同社区周边设施环境进行定性分析,然后构建评估模型分析不同收入居民的设施可达性。在测量低收入居民设施可达性时,我们首先评估各类设施在居民日常生活中的重要程度,然后对个体设施可达性从总体和分类设施角度进行评价,在汇总分析时,不仅对比总体层面不同收入居民的设施可达性,还分析不同社区不同收入居民的设施可达性。最后构建回归模型对居民设施可达性的影响因素进行分析。

6.1.2 数据来源

POI是一种代表真实地理实体的点状数据,包含经纬度、地址等空间信息和名称、类别等属性信息。本书中设施数据来源于研究组从高德地图爬取的公开兴趣点POI数据集,对原始POI数据包含的详细设施类别属性信息进行提取,共计汽车服务、风景名胜、餐饮服务、交通设施等20个大类别属性和数百种小类别属性,详情见表6-1。

表6-1 POI原始数据分类及描述

一级编码	POI分类	解释	一级编码	POI分类	解释
01	汽车服务	加油站、加气站、汽车养护、洗车场、汽车租赁等	09	医疗保健服务	综合医院、专科医院、诊所等
02	汽车销售	大众销售、丰田销售、宝马销售等	10	住宿服务	酒店宾馆、招待所
03	汽车维修	汽车综合维修、大众维修等	11	风景名胜	公园广场、风景名胜
04	摩托车服务	摩托车销售、维修	12	商务住宅	产业园区、住宅区等
05	餐饮服务	中餐馆、外国餐馆、快餐厅、咖啡屋等	13	政府机构和社会团体	政府机关、外国机构、社会团体等
06	购物服务	商场、家电卖场、超市、家具建材市场等	14	科教文化服务	博物馆、图书馆、文化馆、学校、科研机构等
07	生活服务	旅行社、邮局、物流速递、人才市场、电力营业厅、美容美发厅等	15	交通设施	飞机场、火车站、港口码头、地铁站等
08	体育休闲服务	运动场所、影剧院、娱乐场所等	16	金融保险服务	银行、保险公司、证券公司、财务公司等

(续表)

一级编码	POI分类	解释	一级编码	POI分类	解释
17	公司企业	知名企业、公司、工厂、其他农林牧渔基地等	19	地名地址信息	交通相关的地名、城市中心等
18	道路附属设施	收费站、加油服务站	20	公告设施	报刊亭、公共厕所、紧急避难所

* 资料来源：Long et al., 2015

本书在借鉴以往研究成果的基础上，对POI数据中公共服务设施类别进行提取和重分类，最终得到五大类十五小类公共服务设施，并将其编号列于表6-2。其中一级设施包括公共交通设施、教育设施、健康医疗设施、商业设施和休闲设施等5大类，二级设施包括公交车站、地铁站、幼儿园、小学、中学、诊所、综合医院、专科医院、药店、餐饮服务、生活服务、购物设施、棋牌室、公共广场、公园等共计15小类。

表6-2 公共服务设施信息提取及编号

编号	设施一级分类	编号	设施二级分类	描述
F1	公共交通	F11	公交车站	
		F12	地铁站	
F2	教育设施	F21	幼儿园	
		F22	小学	
		F23	中学（包括初中和高中）	
F3	健康医疗设施	F31	诊所	
		F32	综合医院	包括三甲医院和其他综合性医院
		F33	专科医院	脑科医院、眼科医院、儿童医院、市妇幼保健院等专科医院
		F34	药店	
F4	商业设施	F41	餐饮服务	中餐馆、快餐厅、外国餐厅、咖啡厅等
		F42	生活服务	邮局、物流速递、电力营业厅、美容美发店、人才市场等
		F43	购物服务	商场、便民商店、超市、菜市场、家具建材市场等
F5	休闲设施	F51	棋牌室	
		F52	公共广场	
		F53	公园	

* 资料来源：作者自制

6.2 社区周边公共服务设施概况

6.2.1 老城传统邻里周边主要公共服务设施概况

基于案例社区的高分辨卫星影像图和 POI 数据对不同类型社区周边的公共服务设施情况进行分析。如图 6-1，案例社区 N1 中的荷花塘社区属于位处老城南的传统邻里。荷花塘社区西靠胡家花园（愚园）景区，东靠磨盘街小区，北临集庆路，南对秦淮河。从卫星地图可以看出，荷花塘社区的建筑密度很高，社区内几乎全部是居住建筑，鲜有公共服务设施；社区附近的公共服务设施主要集中在北侧的集庆路和东侧的磨盘街小区及中山南路。在荷花塘社区附近 500 m 及 1 000 m 的服务半径内商业设施、教育设施、健康医疗设施、公共交通和休闲设施密集。

图 6-1　荷花塘社区周边主要公共服务设施分布

* 资料来源：作者自制

在调研中，我们对居民的设施利用情况进行了访谈：

"平时买菜啊，都是去苏红菜场，过去十分钟吧。"（您觉得远吗？——笔者）"不远啊，走过去就十分钟，有时候买买菜，就沿着来凤路散散步，绕一圈回家。我们差不多每天都买菜,有时候不买菜就在那里玩玩,反正都有熟人,买菜也是一种锻炼嘛。"(访谈对象:荷花塘,女,56岁)。

在商业设施利用上,居民谈及频率最高的是距离社区约1.2 km的位于西北侧的来凤菜场,由于社区内部及周边缺少运动场地及休闲广场,一些居民不仅将去菜场买菜作为一种购物活动,还将其作为一种锻炼和休闲。

社区北侧步行1 000 m范围内有凤游寺小学和钓鱼台小学两所小学;健康医疗设施方面,社区北侧和东侧有一定数量的药店,距离社区1.2 km的东北侧有一所三甲医院(南京市第一医院);在公共交通设施方面,在距家500 m步行半径范围内有多个公交站台,但是地铁站台距离社区较远。在访谈中,居民普遍认为交通设施齐全,出行很方便,除了公交、地铁、电动自行车等,他们平时还经常使用共享单车等新型交通工具。也有一些居民表示他们平时会步行上班,将通勤作为一种锻炼。休闲设施上,由于社区内建筑密度很大,很难有较大场地布置景观绿化,因此社区的绿化大多是零星的一些树木,绿化严重不足。调研期间恰逢社区改造,社区南侧见缝插针建了一些休息座椅,但是绿化尚未补充,当前社区还缺少必要的休闲设施。总体上看,社区内空间狭小,缺少必要的休闲活动场地,社区居民大多利用周边公园和步道进行散步、跑步、跳操等体育锻炼类休闲活动。

"晚上吃过饭就散散步啊,沿秦淮河走走,到了城墙就回,有时候也会继续走到老门东,那边很热闹啊,转转玩玩再回来。"(访谈对象:荷花塘,女,35岁)

"我们白天锻炼一般沿着来凤街跑跑步,晚上就去秦淮河边上,经常还能碰到熟人。"(访谈对象:荷花塘,男,43岁)

可见,对于荷花塘居民来说,尽管社区内部的设施极少,但是由于区位占据优势,社区居民不仅可以充分利用其他社区的菜场、商业等设施,还能享受到三甲医院这类较高质量的医疗设施。此外,虽然社区内部和周边运动场地匮乏,但是居民依旧会创造条件进行休闲活动,如沿着主干道跑步,利用周边的秦淮河风光带进行休闲活动等。

6.2.2 内城衰退单位社区周边主要公共服务设施概况

本书中内城衰退单位社区案例社区(N2)有锁金村、金陵小区和南湖小区。

1) 锁金村周边设施情况

如图6-2,锁金六村南临板仓街,东临南京师范大学,西侧和北侧都是居民区,和锁金二村、四村等一起绵延成为一大片单位小区。从服务半径上看,锁金六村内部公共服务设施密集,尤其是板仓街南面各类公共服务密集,500 m步行半径内有商业设施、公共交通、教育设施和休闲设施。

社区周边教育设施较齐全,分布有南京市锁金村第一幼儿园、南京市锁金新村第一小学、南京市第十三中学等,调研中发现教育资源也是吸引非低收入居民购置房屋的重要原因。健康医疗设施主要有锁金村社区卫生服务中心和药店。公共交通设施分布在板仓街沿线,包括公交站点和地铁站点。商业设施密集,沿社区主入口一直延伸到南京市第十三中学是一条生活服务商业街,有餐饮、小卖部、糕点店等,社区东侧步行距离在250 m之内

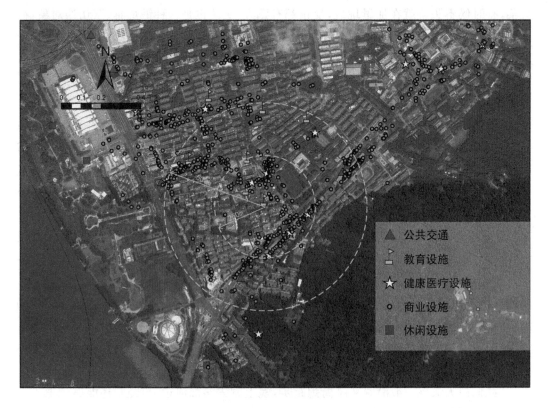

图 6-2 锁金村社区周边主要公共服务设施分布
*资料来源：作者自制

还有苏果超市、农贸市场等，生活十分便利。但是社区内休闲设施较少，居民最常见的休闲方式就是搬个小凳子打牌聊天等，附近的太阳宫、情侣园、紫金山也是居民经常利用的休闲活动场所。

"我们晚上一般就去情侣园啊，那边环境好，带小孩子玩玩，我们大人还能跳跳操。星期天有时候会去紫金山爬山，我们小区有几个朋友，经常去的。"（访谈对象：锁金村，女，52岁）

"小区没地方跑步，白天我有时候去南师大，那边还有操场，有时候去情侣园，紫金山很少去了，那边太远，我们老人过去不方便。"（访谈对象：锁金村，男，66岁）

2）南湖小区周边设施情况

如图6-3，南湖小区北靠水西门大街和莫愁湖，西南为南湖公园，东、西、南侧都是南湖社区的其他小区，社区附近公共服务设施密集，在500 m步行半径内分布有大量商业设施和休闲设施，此外还有公共交通、教育设施和健康医疗设施。

社区商业设施以沿街商业为主，居民日常买菜在迎宾菜场，同时迎宾菜场也是休闲交流的重要场所。教育设施主要有幼儿园、南湖第一小学和南湖第二小学。值得注意的是，采访中发现租住于此的非本地居民，受户籍排斥，他们的子女并不能就读社区附近的小学，而是要前往电动自行车单程通勤半个小时的农民工子弟小学。医疗设施以

图 6-3　南湖小区社区周边主要公共服务设施分布

*资料来源：作者自制

低端的药店和小诊所为主；休闲设施较多，尤其是北门的莫愁湖公园和南门的南湖公园。调研中发现，虽然莫愁湖公园距离社区直线距离仅 400 m，但是调研时①公园实行对老年人和幼儿免费开放，对成年游客需要收费的准入政策，这使得周边居民对其利用度并不高。反而距离社区更远的南湖公园由于可以免费使用，且改造后公园内广场、跑道、戏水池、儿童游乐设施配备齐全，因此傍晚时分吸引了大量周边居民前来进行休闲活动，日常人气很旺。

3）金陵小区周边设施情况

金陵小区北临燕江路和金陵船厂，西、南、北侧被金陵四区、金陵五区、金陵六区、金陵七区等居住小区包围，形成成片的单位居住区。金陵小区的空间结构是典型的"四菜一汤"组团式布局（图 6-4），社区中心布置有小学、幼儿园、社区服务中心、商业等公共服务设施，住宅围绕中心服务区呈团块状布局。社区中心 500 m 半径内，商业、健康医疗、教育、公共交通等设施主要沿着城市干道和小区内部主要道路分布，相较而言，休闲设施很少，休闲场地严重不足。采访中发现，社区内沿着小区西南侧的宝燕中路形成一条繁华的商业街，该商业街不仅为社区居民提供物美价廉的菜品和

---

① 莫愁湖公园自 2022 年 1 月 1 日实行全免费登记制，至此，建邺区所有公园实行免费（https://baijiahao.baidu.com/s? id=1720448127279500595&wfr=spider&for=pc）。

生活用品,还有私人承办的儿童游乐设施。这些自发形成的商业街已经成为社区居民最重要的日常休闲场所。

"我们这里很热闹啊,菜场有三个,不过我喜欢到这边(商业街)来买,还能跟熟人聊聊天……买完菜还会带我妈出来晒晒太阳,她瘫痪十多年了,不过也喜欢热闹。"(访谈对象:金陵小区,男,47 岁)

小区内有一个广场,现在是居民最重要的休闲活动场所,晚上大量居民会集聚于此跑步、带孩子玩耍等。健康医疗设施以诊所和药店为主。教育设施主要是位于社区中部的滨江幼儿园和滨江小学。公共交通以公交车为主,主要分布在燕江路和南侧的金燕路,距离社区约 1.5 km 处有一个地铁站,但是调研中发现居民认为地铁站太远了,使用很不方便。小区内休闲设施很少,以家门口的小广场为主,部分居民会前往距离社区步行距离 1.5 km 的桥头堡公园。

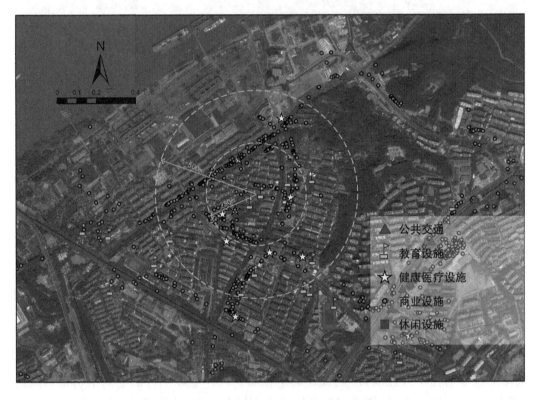

图 6-4　金陵小区社区周边主要公共服务设施分布

* 资料来源:作者自制

6.2.3　郊区大型保障房社区周边主要公共服务设施概况

本书中郊区大型保障房案例社区(N3)包括百水芊城和景明佳园两个社区。

1) 百水芊城周边设施情况

如图 6-5,百水芊城西侧和北侧分别被铁路和宁杭高速隔断,东侧和南侧为城市干道,社区东侧仍然在建保障房社区,南侧则是已经完工并投入使用的宁康苑、融康苑、润康苑等保障房小区。从服务半径来看,百水芊城社区内的公共服务设施以商业为主,总体分布相当稀疏,此外还有健康医疗设施、教育设施、公共交通,社区内部和社区外 1.5 km 步行半径内没有休闲设施。

图 6-5　百水芊城社区周边主要公共服务设施分布

* 资料来源:作者自制

　　百水芊城的商业设施主要集中在百水芊城小区和百水家园小区之间的底层商业带。居民反映以往这里分布有菜场、餐饮等商业,生活十分便利,但是现在高架桥的修建导致菜场等大量店铺关闭和搬迁,只能在桥下的流动摊买菜,生活十分不方便。

　　教育设施主要有幼儿园和南京市第一中学马群分校,调研时发现,马群分校已经全部搬迁到社区南侧的南湾营小学周边地块,原来的马群分校则成为社区服务中心,学校的广场则成为居民休闲场所。百水芊城的居民对教育设施普遍不满,认为社区对口的小学和中学无论是硬件还是软件都比较差,部分从主城拆迁安置于此的居民甚至保留市区的原始户籍,宁愿忍受长距离通勤也要送孩子去市区上学。健康医疗设施十分匮乏,从图上看仅在靠近小区入口处有几个药店,周边没有任何三甲医院。公共交通以公交为主,事实上,社区距离附近的马群地铁站直线距离并不远,但是由于高速公路和铁路的阻隔,社区居民需要先乘坐公交或者自己骑车前往地铁站。居民反映百水芊城和周边几个社区之间交通很方便,几乎每个社区门口都设置有公交站点,但是去市区的交通仍然难以满足他们的日常需求,日常通勤时间太长。

百水芊城社区周边的休闲设施种类和数量都很少,居民主要在社区内部小广场进行休闲活动。调研中发现,社区南部已经建成南湾营公园并开放使用,但是问及居民是否会去南湾营公园活动时,一些居民反映,南湾营公园绿树很少,坐的地方也不多,距离又比较远,他们更多会选择在自己小区休憩,还有一些居民甚至反映说他们并没有听说过这个公园。可见即使社区周边有公园设施,但是由于规划和设计不合理,周边居民的实际利用率并不高。

2) 景明佳园周边设施情况

景明佳园北靠城市主干道绕城路,右侧为宁宣高速,西侧为花神大道,南侧尚未完全建成,且被铁路阻隔。从服务半径来看,社区 500 m 服务半径内有商业设施、教育设施、公共交通,社区内及周边没有公园、广场或景区等休闲设施(图6-6)。

图6-6 景明佳园社区周边主要公共服务设施分布

*资料来源:作者自制

景明佳园主入口在西侧花神大道上,主要的商业设施集中在入口中轴线上的商业带,商业设施有菜场、餐饮、超市等。访谈时发现,居民对商业设施满意度普遍较低,主要的原因是社区内的菜场之前是社区管理,菜价适中,但是后来转给私人承包后菜价普遍上涨,且由于社区周边没有其他菜场可以选择,社区居民尤其是中低收入者对此颇有微词。一些居民为了节约生活成本,甚至会骑车半个小时去 10 km 以外的众彩果蔬批发市场采购蔬菜水果。可见保障房社区居民日常生活最依赖的商业设施对居民生活满意度有直接影响。

其他设施方面，景明佳园社区内的教育设施有幼儿园和小学各一所；健康医疗设施主要是药房，和商业设施混合布局；1.5 km 范围内的公共交通只有公交车站，最近的地铁站距离社区中心约 1.8 km。笔者在调研时发现，花神大道作为城市主干道，其红绿灯设置、道路宽度等对骑行和步行都不友好，如转盘处红绿灯过长等，从地铁站口骑行到社区约十分钟左右，这对于老年人和孩童出行而言十分不便。

6.3 基于活动空间的设施可达性评估方法构建

考虑到个体对公共服务设施重要程度的判断带有明显的主观偏好，本书首先采用层次分析法（AHP）构建一个评价体系对不同公共服务设施的重要性进行量化，然后再用覆盖法计算每一个个体的设施可达性。

层次分析法是一种定性与定量相结合的决策分析方法，它通过两两比较，将专家经验和决策导入数学模型，并加以量化处理，是对人们主观判断进行客观描述的有效方法（Saaty，1980，2008）。由于该方法科学合理，且简单易行，目前已经广泛应用于建筑学、城市规划学、管理学等多学科（Ghodsypour et al.，1998；Kim et al.，2011）。设施权重判断的具体操作为：首先构建递阶层次模型，然后通过专家打分，利用判断矩阵计算得到设施重要性权重。

6.3.1 设施重要程度评估

1) 建立递阶层次模型

基于以往研究对居民日常重要公共服务设施的探讨，以及研究组获取的 POI 数据集的分类特征，构建城市公共服务设施权重评价模型，如图 6-7 所示。评价的总目标为居民日常公共服务设施重要程度评价，总目标被分解为两个层级，第一层级是公共服务设施大类，即公共交通、教育设施、健康医疗设施、商业设施和休闲设施。进一步将公共服务设施大类进行分解，得到第二层级公共设施小类，即公交车站、地铁站、幼儿园、小学、中学、诊所、综合医院、专科医院、药店、餐饮服务、生活服务、购物设施、棋牌室、公共广场和公园等十五项。

2) 设施权重

根据已经构建的公共服务设施权重评价模型，研究组设计了评估设施重要性的调查问卷，并于 2018 年 8 月通过电子邮件发送给城市规划及建筑学领域的相关专家以及部分居住在研究区域的居民。最终回收到 30 份有效问卷，回复率为 86%。表 6-3 显示的是受访者的社会经济属性，受访者包括 20 名相关领域专家和 10 名研究区居民，整体受访者受教育水平较高，本科/大专及以上的受访者占到 83.4%，男性受访者比例略高于女性，年龄主要集中在 30～39 岁。

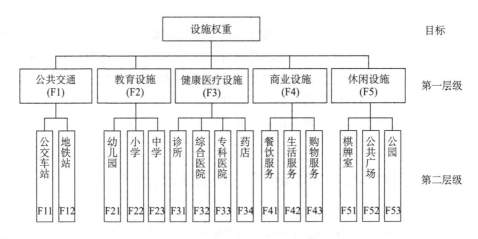

图 6-7　公共服务设施权重评价模型构建

* 资料来源：作者自制

表 6-3　参与设施权重评分的受访者社会经济属性

社会经济属性	类别	人数（N）	比例/%
性别	男性	17	56.7
	女性	13	43.3
年龄	16—29 岁	7	23.3
	30—59 岁	21	70.0
	≥60 岁	2	6.7
教育水平	高中	5	16.7
	大专/本科	6	20.0
	研究生及以上	19	63.4
受访人群	专家	20	66.7
	居民	10	33.3
合计		30	100.0

* 资料来源：作者自制

问卷要求受访者对公共服务设施重要程度按照 Saaty(1980) 的 1—9 级量表进行两两比较构建判断矩阵（表 6-4）。问卷数据通过软件 Yaahp 录入，每类公共服务设施的权重是根据 30 位受访者评分的平均值确定的。考虑到判断者可能会存在认识上的不一致，我们对矩阵进行一致性检验并校核，最终所有 CR 值均小于 0.1，这说明所有判断通过了一致性检验。

第6章 低收入居民公共服务设施可达性和社会排斥研究

表 6-4 分级比较标度

重要程度	含义
1	表示两个因素相比,具有相同的重要性
3	表示两个因素相比,前者比后者稍重要
5	表示两个因素相比,前者比后者明显重要
7	表示两个因素相比,前者比后者强烈重要
9	表示两个因素相比,前者比后者极端重要
2、4、6、8	表示上述相邻判断的中间值

* 资料来源:作者自制

最终得到的公共服务设施权重和权重排序如表6-5和图6-8所示。一级公共服务设施中,居民日常生活中最重要的公共服务设施是公共交通和健康医疗设施,其次是教育设施、商业设施和休闲设施。二级公共服务设施中,被认为是日常生活中最重要的设施依次是地铁站、综合医院、中学、小学、公交车站、诊所、幼儿园和购物设施。

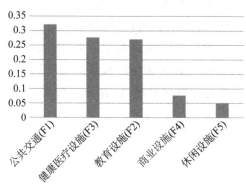
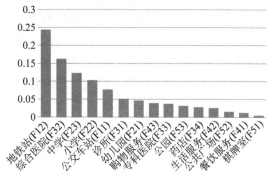

(a) 一级设施权重排序（权重从高到低）   (b) 二级设施权重排序（权重从高到低）

图 6-8 公共服务设施权重评价结果分析图

* 资料来源:作者自制

表 6-5 公共服务设施权重

一级设施	全局权重	排序	二级设施	本地权重	全局权重	排序
公共交通设施(F1)	0.322 5	1	公交车站(F11)	0.242 2	0.078 1	5
			地铁站(F12)	0.757 8	0.244 4	1
教育设施(F2)	0.271 9	3	幼儿园(F21)	0.169 9	0.046 2	7
			小学(F22)	0.375 9	0.102 2	4
			中学(F23)	0.454 2	0.123 5	3
健康医疗设施(F3)	0.278 3	2	诊所(F31)	0.182 5	0.050 8	6
			综合医院(F32)	0.584 3	0.162 6	2

(续表)

一级设施	全局权重	排序	二级设施	本地权重	全局权重	排序
			专科医院(F33)	0.135 1	0.037 6	9
			药店(F34)	0.098 1	0.027 3	11
商业设施(F4)	0.077 1	4	餐饮服务(F41)	0.164 7	0.012 7	14
			生活服务(F42)	0.332 0	0.025 6	12
			购物服务(F43)	0.503 2	0.038 8	8
休闲设施(F5)	0.050 3	5	棋牌室(F51)	0.081 5	0.004 1	15
			公共广场(F52)	0.306 2	0.015 4	13
			公园(F53)	0.612 3	0.030 8	10

* 资料来源：作者自制

6.3.2 构建基于个体活动空间的公共服务设施可达性计算方法

基于个体活动空间的设施可达性测度，需要首先对个体活动空间进行刻画。本书使用95％置信区间的标准置信椭圆（SDE）绘制个体的活动空间，然后分别计算每个参与者活动空间中15种二级设施的数量。由于不同类别设施数量差异巨大（例如，数据库提取了45 878个购物设施点，但只有158个公园），因此为避免因数量级悬殊造成的统计误差，本书首先采用 Z 值法对所有设施数量进行标准化处理，计算公式如下。

$$Z(x_{ij}) = \begin{cases} \dfrac{x_{ij} - \bar{x}_j}{S_j} & (S_j \neq 0), \\ 0, & (S_j = 0) \end{cases}$$

$$(i = 1, 2, \cdots, n; j = 1, 2, \cdots, m)$$

公式中，x_{ij} 是受访者 i 活动空间设施 j 的数量，$\bar{x}_j$ 是 x_{ij} 的平均值，S_j 是 x_{ij} 的标准差。个体获得公共服务设施的总体水平通过以下公式计算获得。

$$A_i = \sum_{i=1}^{n} w_j \times Z(x_{ij})$$

$$(i = 1, 2, \cdots, n; j = 1, 2, \cdots, m)$$

公式中，A_i 是个体 i 获得公共服务设施的总体水平，$Z(x_{ij})$ 是个体 i 可以获得的设施 j 的数量标准化值，w_j 是设施 j 的权重，因此有 $\sum_{j=1}^{m} w_j = 1$。A_i 值越高，意味着该个体公共服务设施的访问水平就越高，反之亦然。

6.4 基于活动空间的低收入设施可达性分析

6.4.1 总体层面的公共服务设施可达性

表 6-6 显示了低收入和非低收入受访者在总体层面的设施可达性差异。总体而言，低收入受访者的设施可达性水平明显低于非低收入受访者。从方差可以看出，非低收入受访者内部的设施可达性差异很大。

表 6-6 不同收入居民的公共服务设施可达性

	低收入			非低收入		
	平均值	中值	方差	平均值	中值	方差
公交车站(F11)	−0.014 3*	−0.072 2	0.223 0	0.017 4*	−0.060 7	0.263 0
地铁站(F12)	−0.054 1**	−0.212 9	0.654 9	0.065 7**	−0.212 9	0.863 1
幼儿园(F21)	−0.011 4*	−0.052 6	0.152 8	0.013 8*	−0.044 2	0.187 9
小学(F22)	−0.020 4	−0.108 4	0.334 7	0.024 7	−0.108 4	0.419 8
中学(F23)	−0.020 4	−0.131 5	0.415 8	0.024 8	−0.131 5	0.496 4
诊所(F31)	−0.010 0	−0.053 0	0.159 6	0.012 1	−0.053 0	0.206 6
综合医院(F32)	−0.029 6	−0.166 6	0.526 1	0.035 9	−0.166 6	0.647 1
专科医院(F33)	−0.007 5	−0.037 1	0.119 0	0.009 1	−0.037 1	0.152 1
药店(F34)	−0.006 0*	−0.030 8	0.087 5	0.007 2*	−0.025 7	0.109 3
餐饮服务(F41)	−0.010 3*	−0.048 0	0.139 9	0.012 5*	−0.045 5	0.190 0
生活服务(F42)	−0.020 4*	−0.095 6	0.283 0	0.024 8*	−0.089 6	0.382 2
购物服务(F43)	−0.030 5*	−0.144 9	0.427 4	0.037 1*	−0.138 1	0.580 8
棋牌室(F51)	−0.003 1	−0.023 4	0.073 9	0.003 8	−0.023 4	0.089 8
公共广场(F52)	−0.012 6	−0.090 0	0.280 8	0.015 0	−0.090 0	0.334 5
公园(F53)	−0.029 2	−0.157 3	0.566 6	0.035 5	−0.157 3	0.662 8
公共交通(F1)	−0.022 1**	−0.092 0	0.279 4	0.026 8**	−0.087 0	0.360 1
教育设施(F2)	−0.014 2	−0.079 5	0.243 6	0.017 2	−0.072 7	0.298 2
健康医疗设施(F3)	−0.014 7	−0.080 0	0.246 5	0.017 9	−0.072 7	0.307 6
商业设施(F4)	−0.004 7*	−0.022 2	0.065 4	0.005 7*	−0.021 0	0.088 8
休闲设施(F5)	−0.002 3	−0.013 7	0.045 3	0.002 7	−0.013 7	0.053 7
总体设施可达性	−0.058 0*	−0.285 4	0.871 6	0.070 4*	−0.257 5	

注：** $p<0.05$，* $p<0.10$。
* 资料来源：作者自制

图 6-9 显示的是总体层面不同收入居民的公共服务设施可达性。一级设施层面，低收入居民在公共交通、教育设施、休闲设施、健康医疗设施和商业设施等方面可达性都低

于非低收入居民,其中差异最大的是公共交通,差异最小的是休闲设施。二级设施层面,低收入居民在 15 类公共服务设施的可达性上都低于非低收入居民,从图中可以看出,不同收入居民接近地铁站、综合医院、购物服务设施、公园等的机会差异最大,接近棋牌室和药店的机会差异最小。表 6-6 的方差分析结果则在统计学上说明低收入居民对公交车站、地铁站、幼儿园、药房、餐饮服务、生活服务和购物服务设施的可达性水平明显偏低。大类设施中,两类收入群体在公共交通和商业设施的可达性上存在显著差异。值得注意的是,在评估设施权重的时候,公共交通被认为是人们日常生活中最重要的服务设施,低收入居民拥有私家车的可能性较小,他们的日常通勤可能严重依赖公共交通。然而从设施可达性来说,低收入居民可以获得的公共交通设施的机会明显偏少,这可能会增加两类收入居民之间的社会空间差异,从而导致更高的社会排斥风险。

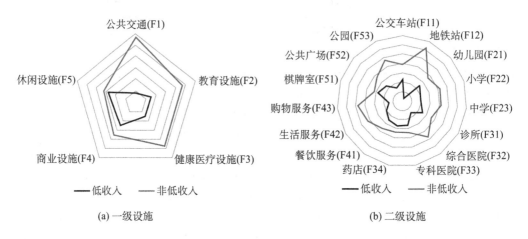

图 6-9 总体层面不同收入样本居民的公共服务设施可达性对比

* 资料来源:作者自制

6.4.2 社区层面的公共服务设施可达性

表 6-7 和图 6-10 是老城传统邻里不同收入居民的公共服务设施可达性。可以看出,老城传统邻里的低收入居民和非低收入居民在公共交通、健康医疗设施和教育设施上的可达性差异最大,差异最小的是休闲设施。二级设施中,不同收入居民的地铁站可达性差异最大,棋牌室的可达性差异最小。对低收入和非低收入居民设施可达性进行方差检验,可以看出老城传统邻里的不同收入居民的设施可达性没有统计学上的显著差异。

表 6-7 老城传统邻里(N1)不同收入居民的公共服务设施可达性

	低收入			非低收入			p 值
	平均值	中值	方差	平均值	中值	方差	
公交车站(F11)	0.003 2	−0.045 3	0.122 4	0.023 1	−0.068 4	0.327 8	0.659
地铁站(F12)	−0.011 1	−0.212 9	0.519 8	0.083 3	−0.212 9	1.028 3	0.530

第6章 低收入居民公共服务设施可达性和社会排斥研究

(续表)

	低收入			非低收入			p 值
	平均值	中值	方差	平均值	中值	方差	
幼儿园(F21)	0.004 9	−0.044 2	0.093 8	0.022 9	−0.052 6	0.233 3	0.580
小学(F22)	0.031 8	−0.049 7	0.231 9	0.068 9	−0.079 0	0.489 4	0.599
中学(F23)	0.084 7	−0.044 2	0.353 8	0.120 2	−0.087 9	0.631 5	0.709
诊所(F31)	0.008 9	−0.053 0	0.111 8	0.030 5	−0.053 0	0.273 0	0.571
综合医院(F32)	0.063 8	−0.137 6	0.468 6	0.106 4	−0.166 6	0.815 1	0.730
专科医院(F33)	0.006 8	−0.037 1	0.088 5	0.022 4	−0.037 1	0.177 8	0.547
药店(F34)	0.009 4	−0.017 9	0.062 4	0.019 9	−0.025 7	0.136 3	0.588
餐饮服务(F41)	0.014 2	−0.033 5	0.107 1	0.033 5	−0.045 5	0.222 8	0.548
生活服务(F42)	0.023 0	−0.069 6	0.202 7	0.063 8	−0.091 6	0.457 5	0.530
购物服务(F43)	0.047 9	−0.106 7	0.356 8	0.106 3	−0.137 4	0.712 0	0.574
棋牌室(F51)	0.016 2	−0.009 2	0.063 3	0.026 5	−0.023 4	0.125 3	0.576
公共广场(F52)	0.055 3	−0.051 2	0.272 3	0.073 0	−0.051 2	0.422 3	0.791
公园(F53)	−0.007 5	−0.157 1	0.292 5	0.032 6	−0.157 1	0.667 8	0.671
公共交通(F1)	−0.002 5	−0.083 3	0.198 4	0.034 3	−0.090 7	0.434 0	0.552
教育设施(F2)	0.033 0	−0.037 6	0.182 0	0.057 6	−0.052 8	0.365 9	0.644
健康医疗设施(F3)	0.024 7	−0.065 7	0.200 2	0.049 9	−0.077 9	0.388 8	0.66
商业设施(F4)	0.006 6	−0.016 1	0.051 2	0.015 7	−0.021 0	0.107 2	0.555
休闲设施(F5)	0.003 2	−0.009 8	0.030 5	0.006 6	−0.011 7	0.060 7	0.699
总体设施可达性	0.065 0	−0.212 8	0.637 8	0.164 2	−0.256 6	1.344 7	0.608

* 资料来源：作者自制

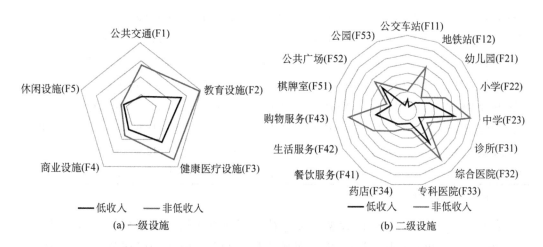

图6-10 老城传统邻里(N1)不同收入样本居民的公共服务设施可达性对比

资料来源：作者自制

表 6-8 和图 6-11 是内城衰退单位社区不同收入居民的设施可达性。和老城传统邻里类似,内城衰退单位社区的不同收入居民在公共交通、健康医疗和教育设施上的可达性差异最大,差异较小的有休闲设施和商业设施。低收入和非低收入居民的各二级设施的可达性并不均衡,其中公园、地铁站、综合医院和购物服务等设施可达性相对较高。此外,不同收入居民的地铁站可达性差异最大,棋牌室的可达性差异最小。对低收入和非低收入居民的设施可达性进行方差检验,可以看出内城衰退单位社区的不同收入居民的设施可达性没有统计学上的显著差异。

表 6-8 内城衰退单位社区(N2)不同收入居民的公共服务设施可达性

	低收入			非低收入			p 值
	平均值	中值	方差	平均值	中值	方差	
公交车站(F11)	0.020 4	−0.072 2	0.364 2	0.047 4	−0.053 0	0.336 9	0.558
地铁站(F12)	0.016 4	−0.212 9	0.965 8	0.112 6	−0.212 9	1.023 8	0.461
幼儿园(F21)	0.013 3	−0.052 6	0.250 1	0.040 3	−0.035 8	0.246 5	0.408
小学(F22)	0.024 0	−0.108 4	0.536 3	0.081 2	−0.079 0	0.558 7	0.426
中学(F23)	0.012 6	−0.131 5	0.641 3	0.060 7	−0.131 5	0.630 6	0.565
诊所(F31)	0.013 8	−0.053 0	0.252 6	0.038 2	−0.029 2	0.262 9	0.470
综合医院(F32)	0.018 4	−0.166 6	0.794 8	0.082 4	−0.166 6	0.778 6	0.535
专科医院(F33)	0.010 0	−0.037 1	0.187 1	0.026 2	−0.037 1	0.195 6	0.519
药店(F34)	0.004 4	−0.030 5	0.139 2	0.015 8	−0.025 7	0.138 6	0.532
餐饮服务(F41)	0.008 6	−0.046 6	0.217 9	0.031 2	−0.041 9	0.244 5	0.457
生活服务(F42)	0.021 6	−0.091 6	0.447 3	0.067 4	−0.077 6	0.491 9	0.457
购物服务(F43)	0.025 1	−0.142 2	0.654 7	0.092 1	−0.124 3	0.724 7	0.459
棋牌室(F51)	0.008 6	−0.023 4	0.117 6	0.013 1	−0.023 4	0.113 8	0.771
公共广场(F52)	0.018 2	−0.090 9	0.423 1	0.041 1	−0.090 9	0.415 4	0.677
公园(F53)	0.063 9	−0.157 3	0.895 5	0.133 9	−0.157 3	0.903 1	0.553
公共交通(F1)	0.011 8	−0.092 0	0.427 0	0.051 6	−0.085 1	0.436 6	0.483
教育设施(F2)	0.013 6	−0.079 5	0.386 7	0.049 5	−0.069 3	0.389 2	0.480
健康医疗设施(F3)	0.013 0	−0.079 3	0.381 2	0.045 3	−0.070 9	0.380 8	0.518
商业设施(F4)	0.004 3	−0.021 6	0.101 7	0.014 7	−0.018 9	0.112 5	0.458
休闲设施(F5)	0.004 6	−0.013 7	0.071 8	0.009 5	−0.012 7	0.071 7	0.603
总体设施可达性	0.047 2	−0.278 2	1.364 0	0.170 6	−0.256 1	1.385 2	0.494

* 资料来源:作者自制

表 6-9 和图 6-12 是郊区大型保障房社区不同收入居民的设施可达性。从图 6-12 中可以看出,和另外两类社区类似,低收入居民和非低收入居民在公共交通、健康医疗设施和教育设施上的可达性差异较大,可达性差异最小的是休闲设施;非低收入居民各

第6章 低收入居民公共服务设施可达性和社会排斥研究

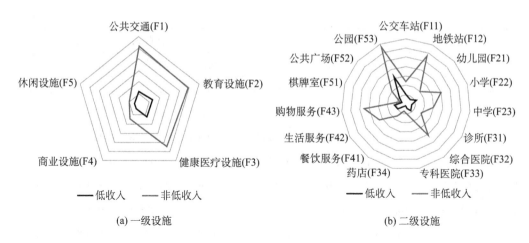

(a) 一级设施　　　　　　　　　(b) 二级设施

图6-11　内城衰退单位社区(N2)不同收入样本居民的公共服务设施可达性对比

*资料来源：作者自制

二级设施的可达性相对均衡，在低收入居民中二级设施可达性较好的是公交车站、幼儿园、诊所、棋牌室等。二级设施中，不同收入居民可达性差异最大的是地铁站、综合医院和购物服务，差异最小的是棋牌室和药店。对低收入和非低收入居民的设施可达性进行方差检验，可以看出，区别于内城衰退单位社区和老城传统邻里，居住在郊区大型保障房社区的不同收入居民的设施可达性差异显著：与非低收入居民相比，低收入居民获得公共交通、教育设施、商业设施、休闲设施和健康医疗设施的机会明显较少，二级设施中，两类收入居民差异显著的有公交车站、地铁站、幼儿园、诊所、综合医院、专科医院、药店、餐饮服务、生活服务、购物服务、棋牌室和公共广场。这说明即使居住在同一个社区，保障房社区的居民之间存在显著的设施可达差异，虽然地处郊区，但非低收入居民由于机动化高，可达性较强，往往有机会前往更多的地方利用城市资源，但是郊区的非低收入居民则生活空间狭小，在很多设施上可达性都低于非低收入居民，保障房社区内部存在明显的社会空间分异，低收入居民受到明显的社会排斥。

表6-9　郊区大型保障房社区(N3)不同收入居民的公共服务设施可达性

	低收入			非低收入			p 值
	平均值	中值	方差	平均值	中值	方差	
公交车站(F11)	−0.040 9	−0.076 1	0.098 6	−0.007 0	−0.064 5	0.153 7	0.013**
地铁站(F12)	−0.110 4	−0.212 9	0.416 3	0.024 8	−0.212 9	0.653 6	0.019**
幼儿园(F21)	−0.031 4	−0.052 6	0.060 9	−0.009 0	−0.052 6	0.098 4	0.009***
小学(F22)	−0.063 8	−0.108 4	0.148 0	−0.031 6	−0.108 4	0.224 9	0.109
中学(F23)	−0.073 9	−0.131 5	0.198 0	−0.032 1	−0.131 5	0.286 2	0.108
诊所(F31)	−0.030 4	−0.053 0	0.076 6	−0.013 3	−0.053 0	0.110 7	0.090*
综合医院(F32)	−0.088 4	−0.166 6	0.276 3	−0.021 2	−0.166 6	0.448 6	0.086*

(续表)

	低收入			非低收入			p 值
	平均值	中值	方差	平均值	中值	方差	
专科医院(F33)	−0.022 6	−0.037 1	0.057 5	−0.007 9	−0.037 1	0.094 0	0.073*
药店(F34)	−0.017 1	−0.030 8	0.040 3	−0.003 2	−0.028 2	0.066 2	0.016**
餐饮服务(F41)	−0.029 6	−0.048 7	0.068 9	−0.008 1	−0.046 8	0.117 3	0.033**
生活服务(F42)	−0.059 7	−0.096 8	0.133 5	−0.019 5	−0.093 5	0.229 1	0.041**
购物服务(F43)	−0.089 2	−0.146 3	0.215 9	−0.026 0	−0.142 9	0.374 7	0.049**
棋牌室(F51)	−0.016 4	−0.023 4	0.023 7	−0.010 3	−0.023 4	0.041 5	0.081*
公共广场(F52)	−0.053 0	−0.090 9	0.131 0	−0.022 0	−0.090 9	0.209 8	0.092*
公园(F53)	−0.092 4	−0.157 3	0.316 2	−0.038 0	−0.157 3	0.383 0	0.148
公共交通(F1)	−0.048 8	−0.093 2	0.163 8	0.005 8	−0.088 2	0.257 9	0.017**
教育设施(F2)	−0.046 0	−0.079 5	0.108 1	−0.019 8	−0.077 2	0.162 7	0.072*
健康医疗设施(F3)	−0.044 1	−0.080 0	0.123 3	−0.012 7	−0.077 9	0.197 5	0.070*
商业设施(F4)	−0.013 8	−0.022 5	0.032 1	−0.004 1	−0.021 8	0.055 5	0.043**
休闲设施(F5)	−0.008 1	−0.013 7	0.022 1	−0.003 5	−0.013 7	0.029 8	0.099*
总体设施可达性	−0.160 8	−0.287 0	0.440 8	−0.034 4	−0.270 0	0.689 0	0.038**

注：*** $p<0.01$，** $p<0.05$，* $p<0.10$。
*资料来源：作者自制

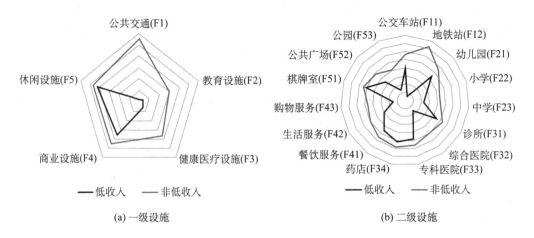

图 6-12 郊区大型保障房社区(N3)不同收入样本居民的公共服务设施可达性对比
资料来源：作者自制

对不同社区不同收入居民的公共服务设施的可达性进行比较（图 6-13）。总体而言，对于居住在同一类型社区的不同收入居民，低收入居民的设施可达性水平明显低于非低收入居民。不同社区不同收入居民的可达性存在差异。居住在老城传统邻里和内城衰退单位社区的居民在公共服务设施的可达性上几乎都高于郊区大型保障房社区居民,并且内城衰退单位社区的低收入居民比郊区大型保障房社区的非低收入居民更容易获得设施。这说明低收入居民的设施可达性并不一定都低于非低收入居民,收入并不一定会导致居民陷入公共服务设施可达性机会低下、被社会排斥的境地,住房类型、居住区位等因素可能是影响居民设施可达性的重要因素。

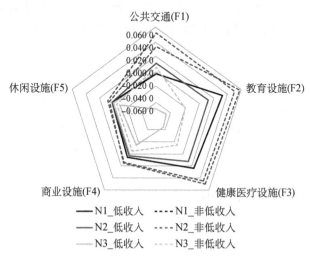

图 6-13　社区层面不同收入居民的公共服务设施可达性对比
＊资料来源：作者自制

另外,不同类型社区的低收入居民和非低收入居民在休闲设施的可达水平上差异最小,但在教育设施、健康医疗设施和公共交通的使用上差异显著。这表明不同收入居民可以获得相对平等的休闲设施的可达机会。然而,低收入居民对各种类型的设施的可达性明显较低。与此同时,低收入保障房社区的居民获得教育设施、健康医疗设施、公共交通等的机会都处于最低水平,这说明低收入保障房社区的居民最容易陷入由于获取不到所需要的日常公共服务设施而被社会排斥的困境。

6.5　影响因素分析

6.5.1　模型构建及变量解释

为了解影响不同社区居民设施使用的因素,构建线性回归模型做进一步分析,其中因变量是个体对公共服务设施的总体可达水平。从以上的分析可知,收入是影响居民设施可达性的重要因素,但是可能不是唯一因素,社区的区位对居民的设施可达性有重要影响,因此一方面在构建回归模型的时候,针对不同社区居民的设施可达性的影响因素分别构建回归模型,另一方面在分析收入和其他影响因素的时候采用变量逐步代入的方法,具体而言,在分析收入对不同社区居民设施可达性的影响时,首先建立三个只有收入作为自变量的简单线性回归模型(模型1);然后再逐步加入其他自变量到第二组回归模型中(模型2),观察其他变量对居民设施可达性的影响。表6-10解释了变量的概况,包括个体的社会经济特征、活动特征和建成环境特征三类共计20个自变量,其中个体的社会经济特征包括性别、年龄、教育程度、家庭结构、就业状况和汽车持有,活动特征包括工作日一天的出行时间、一日户外活动地点数、一日工作时间,建成环境特征包括工作地是否在主城、家到最近地铁站的最短路网距离、家到市中心的最短路网距离。

表6-10 解释变量及分类

变量	变量类别	备注
低收入	虚拟变量	0=非低收入,1=低收入
性别	虚拟变量	0=男性,1=女性
年龄		
29岁及以下	虚拟变量	
30~59岁	参照变量	
60岁及以上	虚拟变量	
教育程度		
初中及以下	参照变量	
高中	虚拟变量	
本科/大专及以上	虚拟变量	
家庭结构		
单身	参照变量	
夫妻	虚拟变量	
两代	虚拟变量	
三代及以上		
汽车持有	虚拟变量	0=没有小汽车,1=拥有小汽车
一日工作时间	连续变量	
一日出行时间	连续变量	
家到市中心的距离	连续变量	市中心指新街口,距离为两点的直线距离
就业状况		
有工作	虚拟变量	0=没有工作,1=有工作
退休	虚拟变量	
家到最近地铁站的距离	连续变量	最短路网距离

(续表)

变量	变量类别	备注
一日户外活动地点数	连续变量	
工作地在主城	虚拟变量	0=工作地不在主城,1=工作地在主城

* 资料来源:作者自制

6.5.2 影响因素分析

表 6-11 是多元线性回归模型计算结果。在模型 1 中,内城衰退单位社区和老城传统邻里的回归模型的调整 R^2 分别为 -0.002 和 -0.007,这说明模型拟合不成功,且变量不显著。三个模型中,只有郊区大型保障房社区的居民设施可达性影响因素分析模型通过了可信度检验,且收入是显著变量,这说明收入变量只影响居住在保障房社区的个人获得设施的机会。在模型 2 的三个模型中,R^2 分别为 0.167、0.342、0.291,调整 R^2 分别为 0.101、0.220、0.255,考虑到模型难以解释个体主观选择倾向,对比其他时空行为研究的回归模型(塔娜等,2017),可以认为本书的模型拟合度较好。

表 6-11 设施可达性回归模型结果

自变量	内城衰退单位社区		老城传统邻里		郊区大型保障房社区	
	偏回归系数	标准回归系数	偏回归系数	标准回归系数	偏回归系数	标准回归系数
模型 1						
低收入居民(参考变量:非低收入居民)	-0.123	-0.045	-0.099	-0.049	-0.126**	-0.111
截距	0.171		0.164		-0.034	
R^2	0.002		0.002		0.012	
调整 R^2	-0.002		-0.007		0.009	
模型 2						
低收入居民(参考变量:非低收入居民)	0.124	0.045	-0.104	-0.052	-0.046	-0.041
男性(参考变量:女性)	0.167	0.061	0.074	0.037	0.013	0.012
年龄(参考变量:30~59 岁)						
29 岁及以下	0.467	0.1	-0.58	-0.16	-0.064	-0.045
60 岁及以上	-0.093	-0.032	0.019	0.009	-0.079	-0.063
文化水平(参考变量:中学及以下)						
高中	-0.173	-0.055	0.312	0.153	0.001	0.001
本科/大专及以上	-0.415	-0.132	-0.239	-0.08	0.067	0.053

(续表)

自变量	内城衰退单位社区		老城传统邻里		郊区大型保障房社区	
	偏回归系数	标准回归系数	偏回归系数	标准回归系数	偏回归系数	标准回归系数
家庭结构(参考变量:单身)						
夫妻	0.025	0.007	−1.184***	−0.550	−0.165	−0.12
两代	0.212	0.076	−1.257***	−0.608	−0.125	−0.104
三代及以上	0.32	0.111	−0.833**	−0.365	−0.250**	−0.213
汽车持有(参考变量:没有汽车)	0.231	0.073	0.148	0.055	−0.037	−0.029
一日工作时间	−0.001	−0.04	0.001	0.228	−0.001**	−0.194
一日出行时间	0.004***	0.198	−0.001	−0.016	0.002***	0.238
家到市中心的距离	0.001*	0.202	−0.004***	−0.392	−0.001	−0.017
有工作(参考变量:无工作)	0.143	0.052	0.078	0.039	−0.039	−0.035
家到最近地铁站的距离	−0.002***	−0.325	−0.004*	−0.254	0.001	−0.040
一日户外活动地点数	0.380***	0.231	0.448	0.303	0.281***	0.278
工作地在主城(参考变量:工作地不在主城)	0.258	0.063	0.351	0.171	0.455***	0.263
截距	−0.08		18.693		−0.143	
R^2	0.167		0.342		0.291	
调整 R^2	0.101		0.220		0.255	
样本量	233		110		348	

注:*** $p<0.01$,** $p<0.05$,* $p<0.10$。

*资料来源:作者自制

在内城衰退单位社区,一日出行时间长、外出活动地点数量多、家到最近地铁站的距离较近的居民的公共服务设施的可达性水平更高。令人意外的是,内城衰退单位社区居民的设施可达性与家到市中心的距离成正比关系,即距离市区更远的社区居民会有更好的设施可达性。这可能是因为居住在离 CBD 较远的单位社区的居民有更大的活动空间来寻找就业机会,因而具有更高的可达性。然而,单位社区居民的社会经济特征变量不显著。

在老城传统邻里,家庭结构是影响居民设施可达性的重要因素。家庭人口多的居民比单身居民的设施可达性更好。这是因为在传统居住区,单身居民大多是流动人口,主要从事高流动性的第三产业工作,如快递和维修业。此外,传统的破旧社区居民的可达性受到家到最近地铁站的距离的影响。家到市中心越远、家到最近地铁站的距离越远,居民的设施可达性越低,这符合常理。一方面,市中心是公共服务设施最密集的区域,家距离市中心远会减少居民使用公共服务设施的机会;另一方面,地铁站距离家的距离越远,居民对地铁的利用率就会越低,这会降低他们的机动性,从而使得设施可达性减小。

影响郊区大型保障房社区居民的公共服务设施可达性的因素包括个体社会经济属性和建成环境两方面。从模型中的 Beta 系数可以看出,对于保障房社区的居民,户外活动地点数量和工作地是否在主城是影响受访者可达性最重要的两个因素,其次是出行时间、家庭结构和工作时间。三代及以上家庭结构的保障房社区居民的设施可达性较低,可能的原因是,大家庭的居民往往家庭责任较重,活动范围相对较小,这就减少了他们在更大空间寻求服务设施的可能性。另外,日常到访地点数量多、在内城工作、出行时间长的保障房社区居民有更多的公共服务设施的访问机会。值得注意的是,工作时间对可达性有相反的影响,换言之,保障房社区居民在工作活动上花费的时间越多,获得设施的机会就越少,这表明工作时间限制了他们获得设施的机会。保障房社区低收入居民普遍通勤时间长、工作时间长,这使得他们的日常活动局限在狭窄的家和工作地,很难有时间去寻找其他公共服务设施。

值得注意的是,本书中使用的可达性测度基于活动空间法,因此,参与者活动空间的形状直接影响参与者的公共设施访问水平。事实上,根据 Wang 的四维研究框架(Wang et al., 2012; Wang et al., 2016),较长的出行时间或较多的外出地点意味着活动空间可能相对较大,这就可能意味着较好的设施可达性。在本书中,相关分析表明,这两个变量之间存在正相关关系。与非低收入者相比,低收入者的出行时间短,户外活动场所少,活动空间小,活动空间的特征可能会影响他们的设施可达性。值得注意的是,从现实情况来说,这两个变量之间还可能存在反向因果关系。例如,一个人在他或她的日常活动空间中使用更多的公共交通设施,或者当他或她的居住地址附近有更多的公交车站、地铁站时,他可能有更少的旅行时间,但有更多的外出地点。

6.6 本章小结

本章基于个体活动空间对不同收入居民的公共服务设施可达性进行分析。结果显示,总体层面,低收入居民的公共服务设施可达性明显低于非低收入居民。在本书调查的 15 类公共设施中,低收入居民使用公共交通和商业两类设施的机会显著低于非低收入居民。在本调查中,公共交通被认为是人们日常生活中最重要的设施,但是低收入受访者公共交通可达性显著低于非低收入受访者,这说明他们在社会活动参与上机会不足,更容易受到社会排斥。不同社区居民获取公共服务设施的机会不同,内城衰退单位社区和老城传统邻里居民的设施可达性相对较高,郊区大型保障房社区的低收入居民的设施可达性最低,属于社会活动参与最弱势的居民。回归模型表明,收入只影响经济适用房居民对设施的使用。此外,个体的社会经济属性、活动特征和建筑环境属性对不同社区参与者的设施可达性有不同的影响。

从模型的分析结果来看，收入是影响居民利用不同城市空间的重要因素，但不是唯一因素，影响居民对城市空间利用的不仅有居民的个人社会经济属性，还有建成环境。对于居住在老城和内城的居民，收入并不是影响他们对不同城市空间利用的显著因素，但是对于居住在外城的居民，收入是影响他们对不同城市空间利用的最重要因素之一，换言之，居住区位对不同收入居民的活动空间有重要影响，老城和内城的低收入居民和非低收入居民在城市空间的利用上相对公平，影响他们城市空间利用的是受教育水平、年龄、就业状态等。但是对于居住在外城的居民而言，不同收入居民对城市空间的利用差别很大，虽然都居住在同一社区，但是非低收入居民可以利用自身较好的机动性，前往优势城市空间以实现日常生活所需，低收入居民机动性差，支付能力差，公共交通短缺，只能在远离主城的郊区空间进行日常活动，表现在活动空间上就是对不同城市空间的利用的差异。长期的社会空间利用不公平会直接影响外城低收入居民的生活质量，增加他们被社会排斥的风险。

第7章 低收入居民活动空间形成机制及发展策略

不同收入居民在日常活动节奏、城市空间利用、公共服务设施可达性等方面表现出明显的差异,这些差异受制度变迁、地方政府政策引导、经济发展以及个人能力等多因素的综合影响。与此同时,这些差异证明了低收入居民日常生活中受到社会排斥,不同收入居民之间存在明显的活动空间的社会分异,低收入居民长期面临日常活动空间的困境将不利于社会的可持续发展。因此,本章对低收入居民活动空间形成机制进行分析,总结时空视角下低收入居民社会空间发展存在的问题,并提出促进社会公平,改进低收入居民生活质量,提高生活水平的策略。

7.1 低收入居民活动空间和社会空间形成机制

中国社会转型是一个包含经济、社会、政治多重变革的复杂过程,国家经济体制的改革带动社会经济快速发展,在此过程中,利益调整带来的另一个社会结果是社会分层加剧。此外,个体择居、活动偏好等也在微观层面影响个体的活动空间和社会空间。本节将从宏观、中观和微观层面对低收入居民活动空间的形成机制进行分析。

7.1.1 宏观层面

宏观层面主要是国家政策的影响,包括企业制度、分配制度、土地使用制度、住房制度等政策上的改革,其中对城市空间结构形成有直接影响的是分配制度改革和住房制度改革。

中国城市的发展及空间结构演变在很大程度上是制度变迁、社会政治经济条件变化等宏观国家政策调控的结果(图 7-1)。新中国成立以后,中国社会经历了计划经济体制向市场经济体制的变革,并在此基础上开展了企业制度、分配制度、土地使用制度及住房制度等宏观政策上的改革,这些制度的变迁加剧了社会分层,改变居民居住空间和日常活动空间,是影响居民社会空间形成的根本动力。

图 7-1 制度安排及其变迁与城市发展及空间结构演变

* 资料来源:作者根据资料改绘(胡军等,2005)

1）城市土地制度改革

计划经济时期，中国的土地资源归国家所有，政府按行政划拨的方式统一安排土地利用和配置。这种完全由政府主导的土地政策使城市土地往往不能按照市场要求被合理利用，城市土地的使用一度呈现无偿、无限期、无流动的低效利用特征，并且出现事实上的城市土地所有权的混乱。1987年，国务院特区办起草了《关于选若干点试行土地使用权有偿转让的建议》，提出将上海、天津、广州、深圳四个城市选定为土地有偿出让的试点城市。1990年，国务院出台《中华人民共和国城镇国有土地使用权出让和转让暂行条例》，以行政法规的形式确立了城镇国有土地使用权出让和转让制度。1995年全国人民代表大会常务委员会第八次会议通过的《中华人民共和国城市房地产管理法》明确规定国有土地使用权可以出让、转让、出租和抵押。1998年以后，城市土地制度改革正式进入土地市场化改革实质化阶段。《中华人民共和国土地管理法》于1998年和2019年分别作了两次修正，对土地有偿使用规则的制定越来越精细化，不仅要求商业、旅游、娱乐、房地产等经营类用地必须实行招标、拍卖和挂牌出让，还要求国家机关办公、城市基础设施和各类社会事业单位用地也一并纳入有偿使用管理。这些法令法规的颁布和实施开启了土地有偿使用的历史，土地使用权允许进入市场参与流通，城市土地的区位优势开始真正得到了体现。土地制度的改革打破了以往城市土地资源统一分配的规则，激活了土地市场，城市土地开始成为商品，其价值开始符合极差地租规律。中国城市土地制度的改革使得城市土地使用性质的置换成为可能，城市土地利用效率大大提高。此外，土地资源为政府带来了巨大收益，也为当地城市的建设和发展提供了有力的资金支持，推动了城市空间结构的发展。

南京市政府于1992年下发《关于开展国有土地有偿使用有关事项的通知》，南京城市土地政策改革就此拉开序幕，无偿性的行政划拨被有偿性的协议出让方式代替，城市获得新的改造动力。为了解决内城人口密度过高的问题，政府采取严格控制中心城区住宅开发的城市发展战略，南京住宅开发中心转向新区，并将老城区的人口和功能逐步向外围疏散。大规模的旧城改造使城市的建成环境得到明显改善，城市老城地区的传统邻里被置换成高档社区、商场、酒店、商务办公、娱乐等场所，大量中高档社区"入侵"原有衰败的低收入邻里，内城空间的改造以高档化、绅士化为主要特征（吴启焰，2001）。另外，由于土地制度改革对象主要是中国城市国有土地资源，农村集体土地被土地市场排斥在外，因此形成了"二元化"的城乡土地市场，市场决定的城市土地价格和低廉的农村土地补偿价格之间相差悬殊。在城市追求更多发展空间和更多土地利益的动机下，城市建设用地向郊区迅速蔓延和扩张，居住空间开始郊区化，城市外围的大学城、产业园等开始进行大规模建设。

城市土地制度的改革对低收入居民日常活动空间产生深刻影响。首先，主城区由于土地价值最高，集中了最多的商业服务类设施，低层次的就业机会密集，而从主城区搬迁到郊区的低收入居民由于到市中心通勤成本显著增加，或者陷入失业的困境，或者面临远距离的通勤生活。其次，随着居民生活水平的提高，居民对休闲活动也有了更高的要求，政府考虑盘活远郊土地的活力,一大批远郊休闲娱乐项目开始建设。以南京为例,矿山公园、汤山温泉、仙林万达等远郊休闲设施成为市内中高收入居民周末休闲娱乐的场所,而低收入居民由于可达性差和收入制约,更多地在家附近和市区内活动。从本书的研究也可以看出,不同收入居民在周末的休闲活动差异十分明显,休闲活动的差异拉大了不同收入居民活动空间的分异现象。再次,城市建设用地的蔓延不仅导致居住空间郊区化,还推动了高新产业的郊区化发展,城市郊区环境优美的地块被开发成为产业园和大学城。尽管产业的郊区化带来了很多新的就业机会,但是由于这些产业对个人就业技能要求很高,岗位主要是提供给高学历、高技能人才,和郊区大型保障房社区居民低学历、低就业技能的现状形成错位,这些知识密集型岗位并没有缓解郊区低收入居民的就业问题。

在居民访谈中,一位家住景明佳园的中年女性就谈到,自己之前是住在附近的农民,由于拆迁只能和其他村民一起被集中安置到保障房社区,他们大多年龄大,文化水平低,本身在就业市场处于弱势,加上2003年的拆迁补偿标准非常低,很多跟她一样的失地农民的生活陷入了困顿的境地。就该受访者而言,为了补贴家用她最终选择去一小时以上公交车程的五台山做保洁员,每周工作六天休息一天,早上四点半就要到达五台山开始工作,工作时间很长,而月薪仅为2 000余元。这说明由于农村集体土地和城市土地价值差异巨大,大量郊区农村集体土地被征用为城市发展用地,原住地农民失去土地后被安置到新建的大型保障房社区,他们的生活方式经历了"农"转"城"的变化。由于以前他们可以靠地吃饭,失去土地虽然可以得到一次性补贴,但补贴较少,再加之他们大多年龄较大,很难在家附近找到合适的工作,因此很容易陷入贫困。

2) 住房制度改革

住房制度改革是加剧不同收入居民社会空间分异的重要因素。计划经济时期,城市居民住房由单位和政府统一分配,不同收入的居民混合居住在单位小区,单位小区不仅给居民提供就业机会,还提供了教育、商业、澡堂等配套公共服务设施。居民及其家属生活在所属单位大院里,城市空间则形成由一个个单位大院组成的蜂窝状结构。20世纪80年代初,邓小平同志发表的关于城镇住房问题的讲话提出,住房改革应该要走商品化道路,明确了我国住房改革的基本思路。1982年,国务院正式公布商品房化政策,提出"三三制"的补贴出售新建住房方案,允许地方政府、企事业单位、个人共同集资建设住宅。1994年,国务院提出将稳步出售公有住房作为近期的住房改革任务,同时还提出要逐步建立以高收入家庭为对象的商品房供给体系。1995年,"房改房"政策出台,城市居民的住房产权可以以工龄折算、现金购买等方式获得,以往属于国家的公有住房的产权逐渐转换成私人所有。

1998年,国务院发布《关于进一步深化城镇住房制度改革加快住房建设的通知》,明确城镇住房改革深化的目标是全面停止住房实物分配,实行住房分配货币化,建立和完善以经济适用住房为主的多层次城镇住房供应体系,并提出"对不同收入家庭实行不同的住房供应政策。最低收入家庭租赁由政府或单位提供的廉租住房,中低收入家庭购买经济适用住房,其他收入高的家庭购买、租赁市场价商品住房。"我国城市住房供应主体开始

"二分化",商品房供应给中高收入居民,保障性住房供应给中低收入居民。2003年以后,中央加大对房地产市场的调控力度,我国住房改革进入市场配置和政府控制并重阶段。总体上看,我国的住房制度改革是一个不断探索、循序渐进的过程,在这个过程中,国家福利住房供应制度逐渐被住房市场化代替,住房供应主体从政府和单位逐渐让位于市场。

住房政策的变化直接影响居住空间的发展,市场经济下,中国的居住空间发展仍然受原有制度下形成的城市空间格局的惯性影响。一方面,房地产导向的再开发是有选择性的,尽管由政府和房产商共同发起的城市更新使老城区发生了巨大的变化,但仍有许多衰退的老城居住邻里,由于分布着高密度的低收入人群,再开发需要付出高的社会经济成本,因此并没有得到再发展。这些传统邻里的住房质量很差,居住环境恶劣,但是由于租金便宜且靠近市中心,因此吸引了大量外地务工人员租住。另一方面,单位社区出现明显的杂化现象。计划经济时期,单位不仅解决居民住房问题,还提供如商店、浴室、体育设施、公园等娱乐休闲设施,住房商品化改革后,居民可以以一定条件获得住房权属并自由交易住房。大量经济条件较好的原单位居民出售住房后再根据自己的偏好选择城市其他商品房社区。而居民的过滤和单位效益的低下又使得单位失去维护社区环境的动力和能力,很多单位社区由于缺少管理而陷入环境不断衰败的处境。

住房制度的改革推动了居住空间的发展,同时与之相关的居民日常活动空间也发生改变。计划经济时期,职住接近的通勤模式逐渐变成职住分离,通勤时间和通勤费用大大增加,机动车使用增多,居民通勤空间增大。这个过程中,居住在郊区的低收入居民的出行会面临更多劣势,他们必须忍受较高的通勤成本前往市区寻找就业机会或使用公共服务设施,而低收入老龄人群或女性由于生理弱势,日常活动大多集中在社区附近。此外,住房商品房化之后原单位社区逐渐被外单位居民"入侵",而新建商品房和保障房社区中更是充斥着不同职业、身份的居民,社会交往的对象主要为朋友和同事,社交空间逐渐多样,但是社区居民的邻里交往减弱。同时,住房制度的改革也推动了居民购物和休闲空间的分化,单位制时期单位不仅包办居民的住房,很多单位生活区还配有商店、体育设施、电影院、公园等购物、娱乐设施,随着住房商品化的改革,单位不再提供相应配套服务,转而由城市政府和商业机构承担,因此居民选择不同居住空间的同时购物、休闲空间也发生着改变与分化。

7.1.2 中观层面

地方政府是城市产业结构转型、城市更新、城市发展策略、城市建设等的主要规则制定者和实行者。中观层面,地方政府的调控行为主要表现在城市规划引导和地方经济发展两个方面,城市规划推动城市空间发展,地方经济发展提高了居民生活水平,改变了其生活方式。

1) 城市规划引导

城市规划作为政府对城市空间宏观调控的手段之一,目标是要保证城市建设的整体效益最大化。计划经济时期,地方政府遵循有利于生产布局和合理利用城市用地的原则,按照同质单位对城市空间进行分区,如工业区、行政区、商业区、文教区等。在单位建房和分房制度下,这种包含着若干同质单位的功能区的地域分异进一步强化了不同职业城市居民居住分异的规模和程度,且使居住地的空间分异格局与城市土地利用功能分区格局保持一致,如工业区往往形成工人居住区,行政区形成公务员居住区,文教区形成知识分子居住区等,在此基础上构建了具有中国特色的城市社会空间结构。20世纪80年代以来,中国的城市规划者逐渐开始按照市场规律对城市的土地利用和功能结构进行调整,具体表现为在城市中心建设商务区,在旧城开展大规模更新建设,在郊区大量建设居住区等,以往职住一体的单位式空间结构逐渐被打破。

  城市规划的引导直接推动居住空间、产业空间、公共服务设施布局等方面的发展,并影响了低收入居民的居住、就业、设施可达性等日常活动的方方面面。首先,居住空间的形成和地方政府的城市规划引导密切关联。以南京为例,计划经济时期,南京在重生产、轻生活的城市发展方针下,内城居住环境拥挤杂乱,城市建设资金匮乏。20世纪80年代,南京城市经济发展迅速,城市建设资金来源多元化,城市居住环境得到重视,同时为了解决大量"下放户"住房短缺问题,南京政府开始大规模兴建居住区,比较典型的是南京内城西侧的南湖小区,解决了大量下放户、无房户的居住问题。20世纪90年代,为了解决内城人口过于集中的问题,政府采取严格控制中心城区住宅开发的城市发展战略,南京普通住宅的开发中心从内城转移到新区,老城的人口和功能开始向外围疏散。针对不同类型购买者,地产商开发了环境品质不同、住宅形式多样的居住小区,居民的居住环境有了很大提升,但是这些商品房主要供应给中高收入者,低收入居民的居住地仍然集中在城南传统街区,老城南和城市边缘的城中村、棚户区等。2000年后,南京城市规划理念和发展方向重点在于推进老城环境的综合整治,积极发展新城区。"一疏散三集中""一城三区"等空间发展战略的提出大大推动了江宁、仙林和江北三大新城的建设,促进了居住的郊区化发展。根据以高新技术产业,建设电子信息、车辆工程和石油化工"三个基地"的建设思路,南京市工业企业将城市外围的新城和新市区作为重点发展空间,工业用地主要分散到江北、仙林、江宁三大片区。保障房社区作为带动新城发展、疏散老城人口的重要手段,被政府统一选址安置建设在南京绕城高速以外的城市边缘地区。这些地区公共服务设施建设滞后,居民生活极为不便。

  其次,在产业布局上,地方政府响应"退二进三"的城市发展战略,主城区的工业企业向城市外围转移,置换出的土地则被用于开发商业商务等附加价值更高的功能,主城重点发展第三产业,以新街口为核心的商务功能增强,服务业在主城区的繁荣发展创造了大量低层次的就业机会。一些居住在郊区的中低收入居民为了寻找合适的就业机会,不得不忍受长距离长时间通勤。此外,规划引导形成了老城区、河西、南部新城、北部新城等四大服务产业集聚区,外围副城和新城则布置有12块制造业片区。如江宁的高新技术产业园汇聚了南京高精齿轮、汉德森、中圣高科、日立产机、艾默生、星乔、奥赛康药业等一大批高新技术企业,但是这些高新技术企业的岗位主要面对的是高学历高技能者,居住在郊区的低收入居民很难享受到产业郊区转移的便利。保障房社区租金低廉,社区内部基本生活设施比较齐全,吸引了大量新就业的居民,产业郊区化在客观上促使新就业居民在郊区中低收入社区的聚居。在本书的研究中,保障房社区的出租率很高,从样本分析来看,租房者大多为单身、年轻、高学历的大学生,而保障房社区的自住居民则以大家庭、低学历、低收入的拆迁安置户和失地农民为主,不同社会经济属性的居民在物理空间混合居住,但是实际的活动空间却很少有交集,这造成了保障房社区内不同收入居民之间的社会排斥和分异现象。

再次,公共服务设施布局上,由于南京的发展模式是以老城为中心逐渐向外围发展,主要的公共服务设施都集中在老城区,目前南京的三级甲等医院、市级重点中小学等公共服务设施几乎全部集中在主城区(宋伟轩等,2013)。居住郊区化后,尽管社区公共服务设施已有细则明确种类和数量,但是开发商以逐利为目标,较低的利润和对居民购买力的信心缺乏使得他们对中低收入社区周边的设施建设并不积极。已有研究发现,保障房社区周边设施种类单一、面积不足的现象十分普遍,居民对公共服务设施的满意度也比较低(曾文等,2017)。值得注意的是,保障房社区中还有一部分生活困顿的廉租房住户,他们多为老弱病残,市区医疗设施使用的不便使得他们连基本的身体健康都难以保证。一位身患残疾的廉租房住户谈到自己有严重的心脏病,其所需药物只能去南京市中医院开取,由于腿脚残疾,每次去市区拿药物,一个来回要三个多小时,生活十分不便。

总体上说,我国城市规划在宏观层面起到调控城市用地功能布局的作用,但是城市实体空间的形成相比城市规划的实施存在时间上的滞后。对于城市贫困阶层而言,其居住空间分布状况的改变会直接受到城市规划的影响,但这种影响所造成的客观结果不可能在短时间内完全形成,城市贫困阶层居住空间将会在短时间内保持现状。在制度转型的推动下,在各方利益的权衡下,地方政府成为转型期城市空间塑造的直接推手,而规划政策的调控是改变城市空间,影响居民日常生活空间的基本手段。城市规划致力于组织与人的需求相一致的空间秩序,因此塑造城市内部空间成为城市规划的首要任务。

2) 地方经济发展

中国经济改革的实质是在行政分权的框架下引入市场机制,通过对外开放参与经济的全球化,通过权力下放推行经济的自由化和市场化的过程。行政分权后,中央权力下放到地方,各级政府之间和政府部门之间围绕政治和决策权,事权和财政分权等进行权力和责任的转移。行政分权的重要结果是推动了地方政府的企业化,行政分权使地方政府对财务收入、行政事务拥有更多的自主权,地方可以掌握更多资源和生产要素。同时,地方发展的"盈亏"更多掌握在自己手中,加之长期以来政府部门绩效的考察以经济为中心,省内和全国城市的经济形成比较和竞争关系,经济发展较好的城市往往会得到更多的资源倾斜,因此,地方政府发展地方经济的主动性大大加强。

转型期中国经济的高速和持续发展是居民生活空间品质提高的重要保证。具体而言,地方经济主要是在地方经济职能转变和产业结构及其空间调整,通信技术与交通运输业的革命性发展及经济增长推动下形成发展的。信息通信技术对人们日常生活有很大影响,集中体现在居民的消费行为、办公方式、社会交往方式等方面。各种电商的发展使购物变得十分便捷,居民足不出户就可以购买到日常需要的各种物品。而近年来新崛起的外卖平台、跑腿公司等更是改变了居民的生活习惯,去菜场买菜、去餐厅吃饭等都可以通过购买服务的方式将活动地点转移到公司或者家中,增加了个体日常活动的弹性。网上购物减少了居民实体购物受到的时间和空间的制约,同时也节约了外出通勤的成本,居民可以足不出户自由选择各种商品。

从供给端看,传统经济规律对商业发展的约束不断降低,任何人都可以成为网上卖家,B2C 的商业模式可以减少个人的时空约束,为低收入群体提供更多就业机会。例如,低收入妇女在家带孩子的同时还能通过微商等方式售卖产品。此外,物流成为连接网络买卖双方的纽带,物流的通达性逐渐取代实体店铺的区位优势,成为影响居民消费便利性的决定性因素。随着飞机、高速公路、高铁等交通运输业的革命性发展,任意两地之间的交通时间大大缩短,我们生活的世界正在经历前所未有的"时空压缩"。郊区生活的居民,无论收入高低,都可能享受到和市中心居民一样的网上购物服务。信息通信技术和高速交通改变了城市郊区和中心城区的空间关系,弱化了郊区居住空间在实体地理空间的区位劣势。

地方经济发展水平和当地政府的决策直接影响轨道交通、公交等公共交通的建设,和居民满意度及社会公平密切相关。已有大量研究证明,公共交通的完善可以减少弱势居民被排斥的现象,增加他们的就业机会,增加他们社会交往的可能。截至 2019 年 12 月,南京地铁已开通运营线路共 10 条,包括 1、2、3、4、10、S1、S3、S7、S8 及 S9 号线,这 10 条线路均采用地铁系统,共有 174 个车站(换乘站重复计算),地铁线路总长 378 km,线路总长居全国第 4 位(仅次于上海、北京、广州)、世界第 5 位,构成覆盖南京全市 11 个市辖区的地铁网络,南京成为中国第一个区县全部开通地铁的城市。从数据上看,南京的公共交通发展在全国已经很靠前,但是在实际调研中,很多居民反映,家(郊区大型保障房社区)附近有地铁站,尽管感觉很近,但是由于城市主干道的阻隔,步行距离较远。以百水芊城为例,社区到地铁站的最短路网距离约 1.5 km,已经超出 10 min 步行范围,而且由于要经过宁杭公路,几乎很少有居民选择步行前往地铁站,大多先坐公交车或骑电动自行车前往地铁站,这实际上增加了低收入居民利用公共交通的时间成本和经济成本。此外,由于地铁票价高于公交票价,一些时间宽裕的保障房社区的低收入居民会选择价格更低,可以直达市区,但是花费时间久,出行效率低的公交车作为出行工具。因此,公共服务设施的公平设置不仅需要考虑空间布局,还需要考虑居民实际利用率,低收入居民由于自身能力有限,对公共交通的价格和离家距离更加敏感。

7.1.3 微观层面

"人"是各种活动的实践主体,也是活动空间形成和城市空间利用的实践主体。转型期的中国,收入是社会分化最重要的特征,收入和财富的不平等直接导致社会分化的加剧(顾朝林等,1997),收入的不同将人们划分成不同的社会阶层,而不同的社会阶层又会有对应的行为习惯和对城市空间的利用特征。具体来看,微观层面,以个体贫富差异为主要特征的社会分化对城市居民生活空间的影响主要体现在居住地选择、生活方式分化、个人社会经济属性等方面。

1) 居住地选择

经济水平决定了个人对地租的支付能力,居民的经济收入和拥有财富的不同,决定了他们居住地选择的能力和对城市不同类型空间利用的能力。计划经济时期,整个社会呈现低水平的平均社会状态,不同收入居民混合居住在同一个单位社区,社区内部有大量的熟人,社会融合度很高。转型之后的中国社会,以往均质平等的社会状态被打破,在二元住房供应体制下,上流阶层和中产阶层由于具有较高的社会经济地位,可以在其经济能力范围内自由选择符合其要求的商品房社区,他们一般会选择环境优美、居住条件好的新城区,或者交通便利、公共服务设施密集的内城区居住。但是对于低收入阶层和贫困阶层,尽管住房已经商品化,市场经济为其提供居住选择的自主权,但是他们缺乏实现这一自主选择权的社会经济能力。他们无力承受高昂的商品房价格,只能留在原来环境日益恶化的破旧社区,如老城传统邻里和内城衰退单位社区。此外,低收入居民在城市更新中也处于绝对弱势,当原有住房被拆迁时,由于难以支付高昂的原地安置房差价,他们大多被迫搬迁到远离市区的保障房社区。南京市的社会调查发现,城市低收入居民居住在所在社区的主要原因是被动安置和房价低,这说明他们受经济实力限制而无法实现搬迁(图 7-2)。

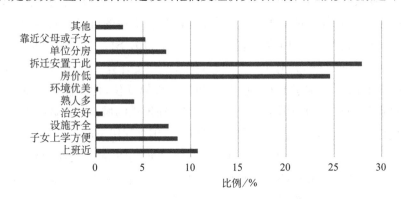

图 7-2　低收入样本居民选择当前居住地的原因

*资料来源:作者自制

2) 生活方式分化

个体收入和财富的差异加剧了居民日常生活方式与活动空间的分化。休闲活动属于非生存类活动,在活动时间和活动场所上有较大弹性,不同个体由于休闲理念和休闲方式的不同而表现出差异化的休闲活动类型和休闲活动空间。低收入居民由于收入拮据,其休闲方式往往较为单一,大多是在小区内打牌、锻炼、聊天,在家看电视、上网等低消费、距家近的休闲活动。而非低收入居民活动时间规律,周末休闲活动时间长,更追求休闲活动的品质,将休闲活动作为放松身心,发展个体,满足个性化需求的必要活动。南京调研中,远郊的汤山温泉、栖霞山,近郊的中山陵风景区、仙林万达,内城的德基广场等或自然环境优美,或内部环境高档、配套设施齐全,吸引了大量非低收入居民前往进行假期休闲活动。但是由于这些场所属于较高层次的休闲活动场所,消费偏高,对社会资源极少的低收入居民具有很强的排斥性。收入的差异导致消费观念存在明显差异,进而加剧了城市不同收入居民活动空间的分异。

此外,不同收入居民生活方式的差异还体现在通勤的选择、社交活动方式等多方面。在通勤上,低收入居民往往会更加考虑通勤成本,日常通勤最常选择电动自行车、摩托车等低花费的交通方式,而非低收入居民更多考虑时间的综合效益,也更容易接受新鲜事物。在采访中,不少非低收入居民在短途出行时常会使用"滴滴打车""共享单车"等新型的交通方式。

3) 个体社会经济属性

由第五、六章的回归模型结果可知,个体对城市空间的利用不仅受到收入、建成环境、居住区位的影响,还会受到个人其他社会经济属性的影响。例如,个体的受教育水平是影响活动空间的重要因素,这是因为受教育水平往往和就业技能直接关联,低收入居民大多文化水平和就业技能都较低,个人能力的不足使其在激烈的就业市场竞争中往往处于劣势,难以获得好的就业机会,他们只能从事低报酬、低技能、高强度、非正规的工作,但是这些低层次就业机会主要集中在城市中心区,郊区低收入居民只能忍受长距离、长时间的逆通勤以获得就业机会。可见,个人的受教育水平和就业技能等属性直接影响他们的就业选择、工作空间、活动范围等。户口是影响个体活动空间的另一个重要因素。城市户籍制度催生了大量务工人员来宁,他们大多从事的是快递、建筑、外卖等流动性较大的职业,尽管收入不一定最低,但是由于工作时间很长,活动空间大,其受到的时空制约大,因此休闲时间往往很短,加之居住环境往往较差,他们的生活质量往往较差。此外,由于户口的限制,他们的日常生活会遭受一定歧视,例如非本地户口的外来务工人员的孩子无法均等享受社区附近的教育资源,只能就读离家较远、教育质量较差的农民工子弟学校。

7.2 低收入居民社会空间发展面临的问题

7.2.1 日常活动空间单调狭窄且高度依赖本地空间,易被孤立和社会隔离

活动空间是个体在各种时空制约下对城市的实际利用范围,活动空间和城市空间叠置部分可以看作是"个体的城市景观空间",居民的活动空间范围越广,可利用的优势城市空间(如人口密度大、公共服务设施和就业机会密集的主城区)越多,访问地点越多样,意味着居民在其活动空间范围内可以看到更丰富的城市景观,可以获取更多服务,接触到更多人,有更多潜在的交流机会,构建的社会关系和社会网络更加复杂,也就越不容易陷入被孤立和社会隔离的境况(Li et al., 2017)。

和非低收入居民相比，低收入居民的日常活动空间范围狭窄，活动地点单调，接触的人多为同社区类似背景的低收入居民。在活动空间上，低收入居民的活动地点以家附近和城市中心为主，一方面，低收入居民由于受教育水平低，就业技能差，大多从事低层次的服务业，而这些就业机会主要分布在商业密集的城市主城区。为了获得就业机会，即便是住在城市外围的低收入居民，也只能忍受长距离通勤来市区上班。另一方面，无论是从活动时间还是从活动距离上看，低收入居民的日常活动比非低收入居民更依赖所在社区及附近城市空间。低收入居民的娱乐活动以居家近、低消费为特征，往往会选择在家看电视、听广播、上网或者在住所附近打牌、散步、闲聊等。其主要原因是，低收入居民日常家务繁忙，且不能通过购买服务的方式减轻家务负担，家务、照料老人孩子、工作等事情占据了大量时间，他们只能压缩其他弹性的休闲娱乐时间，因此他们更多在社区内或者周边进行休闲和购物活动。此外，由于经济水平低，且低收入居民往往有"出去就要花钱"的心理，因此他们大多会选择在社区进行低层次、低消费的休闲活动，很少参加较高消费的观光旅行、郊游等娱乐活动。单一的娱乐休闲活动及活动空间，使得低收入居民日常活动中接触的都是和他们收入相似的同社区居民，很少有机会接触社会地位更高的社会居民。

在城市空间利用上，低收入居民更加依赖本地空间，但是不同区位的居民对本地空间的依赖程度不一样。在本书的研究中，对本地空间最为依赖的社区类型依次是内城衰退单位社区＞老城传统邻里＞郊区大型保障房社区。中国居住空间的建成环境有明显的路径依赖特征，不同类型社区在城区区位分布、公共服务设施配套、居民构成等方面和中国社会转型和城市居住空间发展历史密切关联。内城衰退单位社区地处城市内城，距离市级优质公共资源较近，而且单位社区在建成之时以职住接近为目标，社区内已经建成比较完善的公共服务设施，本调研中的几个单位社区内的商铺密集，这些商业设施给居民带来极大的便利，同时还给社区内一些低收入居民带来很多就业机会，如菜场卖菜、摆摊等时间灵活且距离家近的工作，虽然收入并不十分高，但是由于距离家近，仍然给居民的生活带来很大便利。老城传统邻里距离市中心最近，周边密布市级优质公共服务设施，社区内居民可以充分享受城市中心区的资源，但是由于老城内建筑密度很大，街巷空间虽然尺度宜人，但是后续的社区内部改造几乎没有余地。调研中发现，部分一层居民把住家改成小商铺进行裁缝、维修等经济活动，事实上这种"小农经济"在传统社区中十分普遍，也确实在实际中方便了社区内居民的生活需求。在调研中，一位送外卖的居民就提到自己晚上回来迟的时候，常常在家门口买点菜煮点面条当晚饭。可见，这样的小商铺的存在给居民日常生活提供了很多便利。值得注意的是，传统社区内居住有较多的非户籍人口，他们从事快递、外卖、上门维修等职业，居住地齐全的设施配套减少了他们日常生活的时空限制，低收入居民可以从事距离长、工作时间长的工作。相比之下，保障房社区居民面临最为严重的时空限制，且社区附近就业机会稀少。主要原因是，社区内的商铺租金较高，低层次的商业机会稀少。以景明佳园为例，原本为社区内部居民设计的"创业街"实际并没有解决社区居民就业的问题，管理上的漏洞使得这些为数不多的就业机会几乎全部转向有一定经济实力、有能力承担租金的非社区居民。调查中发现，尽管保障房社区有很多低收入者想摆摊补贴家用,但是社区管理员经常查管和罚款,他们无法在社区内进行"小本生意",只能寻找远距离的就业机会,或直接失业在家。此外,从第五章的分析可以看出,保障房社区居民在工作日对本地空间依赖最少,反映出当地空间不能满足居民的生活时空需求,他们只能前往城市其他资源更加丰富的地区进行生产活动。

社区附近的公共场所和交流空间对低收入居民避免被孤立和排斥意义重大,如荷花塘社区,虽然内部几乎没有休闲设施,但是附近的秦淮河景观带是社区居民每天锻炼、散步、社交的重要场所,可见社区附近优质公共空间可以增加社区居民与他人交流和外出活动的机会。反之,金陵小区附近也有桥头堡公园,但是环境差,距离远,使用的人并不多。类似的还有百水芊城附近的南湾营公园,由于空间设计简单,缺少必要的休憩座椅和遮阴树木,周边居民很少使用,一些百水芊城居民反映他们甚至都没听说过这个公园。

7.2.2 可达性和机动性的低下造成低收入者就业机会不足

可达性和机动性常被用于描述个体移动的能力。可达性是指利用某种特定交通工具从一个地点到达另一个活动地点的便利程度,个人可达性的高低直接影响其参与各种社会活动和获得城市资源的机会,并进一步使居民之间在使用和分配城市各项资源过程中产生分异,甚至形成对弱势居民的排斥现象。可达性包括时间和空间上的可达,个体的可达性受时空间共同作用。机动性是可达性反映在交通出行上的重要指标,和个人在空间中的移动能力相关,是个人能力在空间移动上的表现。较高的机动性可以提高居民活动的时空可达性,快速的出行工具可以让居民在更短的时间前往更广范围的地点活动。

非低收入居民机动化程度高,他们可以选择私家车出行,因此拥有更高的出行自由度和出行效率,可以轻松实现点对点的出行。但是机动性的提高需要有相应的经济能力作为支撑,低收入居民的私家车拥有率低,他们出行的交通工具选择有限,在本书的研究中,电动自行车和摩托车是低收入居民使用最多的出行方式,但是这些需要充电耗油的交通工具对距离十分敏感,当出行距离较远的时候,公共交通则成为低收入居民出行唯一的选择。值得注意的是,虽然地铁有更高的出行效率,但是由于价格相对较高,相当数量的低收入居民会选择效率较低但是票价便宜的公交作为远距离出行的交通工具。已有研究指出公交的出行效率相较小汽车仍然是相当低下的(吕斌等,2013),受经济条件制约的低收入居民本身机动性就较低,而低效率的交通方式又造成低收入个体可达性进一步降低,出行弱势使得低收入居民在社会活动参与方面被排斥。

城市的流动性(mobility)对穷人来说至关重要,它创造了获得就业和使用公共服务设施的机会,流动性也是个人建立和维护社会网络和谋生的基础。穷人的流动性很大程度上取决于交通的负担能力,而负担能力又决定了出行的距离和频率,进而影响他们获得城市资源的机会,如就业、医疗、休闲等。城市流动性的提高可以为低收入居民提供更多就业机会,帮助他们摆脱贫困,并避免他们受到持续性的社会排斥和社会隔离。对于郊区的低收入居民而言,交通设施的不足不仅减少了他们获得就业和优质公共服务设施的机会,还减少了他们和非低收入居民的交流的机会,阻碍了他们构建社交网络,使得他们在遭受经济排斥的同时,还遭受了就业排斥和社会隔离。

7.2.3 公共服务设施可达性差,遭受多重社会剥夺

城市弱势群体遭受空间剥夺的本质是社会资源和发展机会分配的不公平问题。对于生活在城市郊区大型保障房社区的低收入居民而言,由于社区公共服务设施供应不足,他们的日常生活陷入休闲活动单一,购物活动成本较高,公共交通设施利用不足等困境。由于被安置于郊区大型保障社区的低收入者失去了原本享受主城优质教育资源的机会,其子女文化水平的持续低下可能直接影响其未来获得就业机会和较高收入的能力,阻碍其子女在社会阶层中向上流动,致使低收入阶层地位代际传递。此外,由于远离优质的医疗资源,低收入居民往往不能获得较好的健康保障,使其在健康方面受到潜在威胁,影响其生存发展的机会与权利,最终导致其在空间资源享用和机会获取等方面受到多重剥夺。

已有大量的研究证实社会剥夺和居民的生活满意度、疾病发生率等密切关联。从第五、六章节的分析可以看出,不同收入居民的时空活动存在明显差异,但是不同区位和社区环境的低收入居民遭受的社会剥夺情况存在一定差异。并非所有低收入居民的公共服务设施的可达性都处于很低水平,靠近市中心的老城传统邻里的低收入居民可以便捷利用市中心的优质设施,内城衰退单位社区的低收入居民,由于所在社区内部设施密集,设施可达性并不比同社区的非低收入居民差,但是由于社区建设历史较长,社区的建成环境存在明显的衰败。位于城市郊区的大型保障房社区的低收入居民活动范围十分狭小,公共服务设施可达性差,和同社区非低收入居民的设施可达性相比有明显差距,郊区大型保障房社区的低收入居民在经济、设施等多方面遭受多重剥夺。

7.3 提升低收入居民社会空间发展的策略

以贫富分化为主要表征的社会正义问题目前已经成为中国最突出的社会问题之一。城市治理者有责任有义务调节和平衡在城市生活的不同社会居民之间的关系,尤其应该关注城市中的弱势居民。社会排斥理论认为,有效的政策可以减少社会居民被排斥的可能,完善的城市公共服务体系对城市中的弱势居民的生活质量有重要作用。给予弱势居民更多的政策关注,有助于城市稳定发展,也是我国社会主义和谐价值观的体现。

7.3.1 在城市更新过程中保证居住弱势居民获得充分居住选择权

当前我国大部分城市的更新方式仍然是大规模的拆迁改造,由于旧城更新后高昂的回迁住房价格,被动外迁往往成为居住弱势居民的无奈选择。低收入居民从原来区位优越的市中心搬迁到房价较低的郊区后,虽然住房面积和设施与原住房相比有较大改善,但由于失去了城市中心完善的生活服务设施、便利的公共交通和密集的就业机会等,他们实

际生活成本增加,社会关系网络也遭到破坏。在城市更新过程中,低收入居民缺乏居住选择权,在被迫外迁过程中可利用的空间资源质量降低,造成他们利益受损,生活质量及满意度大幅下降。

由于弱势居民对居住区位和周边设施依赖较大,因此在城市更新中,增加拆迁改造后的回迁住房比例,或利用存量直管公房在城市内部其他区位提供保障性住房,以满足不愿离开城区的居住弱势居民的居住需求。此外,应加强城区内保障性住房的管理,其准入应以出租为主,以确保其真正发挥为居住弱势居民提供住房保障的作用。针对居民的不同需求,为低收入居民提供多种选择,使其能够根据自身需要选择住所。从保护居住弱势居民的角度出发,原地改善居住条件是最理想的方式,能够在居住水平得到提高的同时,享有便捷的交通条件和社会服务设施,并最大限度保留原有社会网络。在城市更新中可以尝试多种更新方式,提高对旧建筑的再利用。在原有住房建筑结构质量较好的情况下,特别是已达到一定建筑密度和容积率且以多层住宅为主的区域,如老宿舍区的筒子楼和南方部分城市的高密度城中村,为改善居住条件可探索包括改造外围基础设施条件、房屋修缮加固、增加厨卫设施等在内的多种更新方式,延长旧建筑的使用寿命,这样既可以有效改善居住水平,与拆除新建相比较也有利于节能节材,同时可以避免拆迁所带来的社会矛盾。

7.3.2 以开放与共享的公共空间促进社区融合

2000年以后,国家大力建设保障性住房来解决中低收入居民的住房困难问题。中国城市的保障房政策以"补砖头"的方式为主,这个过程虽然解决了被拆迁户、失地农民以及其他中低收入居民的居住问题,但是对于个体而言,生活不仅仅只有居住,还有就业、休闲、购物等社会活动。在为中低收入居民提供政策性住房时如果没有充分考虑低收入居民对于住房及居住区位的要求,一刀切将原本居住在内城的低收入居民搬迁至郊区大型保障房社区,最终很可能造成低收入居民长距离逆通勤的困境。因此,保障房的选址应该进行充分细致的论证,不仅要考虑解决低收入居民的居住问题,还应考虑其未来的就业问题。尤其是对于适龄的低收入就业者,应培育社区附近的商业中心,促进商业服务设施郊区化,增加低收入居民的就业机会。此外,由于低收入者的日常非工作活动高度集中在居住地附近,社区及附近的公共服务设施对其生活质量具有重大意义,因此在保障房社区建设时应加强周边基本生活服务设施配套的建设。

低收入居民由于其社会属性的独特性,日常活动时空间范围十分狭小,时间利用非常琐碎,他们几乎所有的日常活动都是在以居住地为中心的1 500 m范围内完成的,居住地成为他们日常活动的主要场所。当前的城市建设应该考虑这一阶层的日常活动时空间结构特征,尤其重视低收入者集中居住地的各项基础设施建设,包括各种娱乐设施、生活服务设施等,以丰富他们的日常休闲娱乐活动,调节他们的社会生活,缓解不必要的社会矛盾。此外,对于老城区居民而言,邻里单位较为融洽的社会关系网络对于社会网络贫乏的贫困阶层来说尤其重要,常常是他们减轻生活压力,增加生活满意度的重要精神寄托。但是郊区大型保障房社区在遭遇社会关系重构之后，邻里交往减少，感情淡薄，因此社区还需要积极发挥组织作用，以多种形式的社区活动丰富居民日常娱乐，增加邻里交流。

7.3.3 提高低收入居民的机动性和设施可达性

2006年底，国家建设部、发改委、财政部、劳动和社会保障部联合下发了《关于优先发展城市公共交通若干经济政策的意见》，该意见将城市公共交通定位为"与人民群众生产生活息息相关的重要基础设施，是关系国计民生的社会公益事业"，并建议政府应该建立特殊人群的票价补贴机制，实行提高城市公共交通工具利用率的公交票价改革，这意味着以政府投入为主、纳入公共财政体系的公益化发展模式的回归。城市公共交通属于社会公益性较强的社会公共性服务行业，城市政府应将其视为城市居民生活的基本需求给予保障，因而有必要采取公益性方式进行公共介入，通过政府财政补贴实现公共交通低票价的公共政策是我国特大城市发展中的必然趋势。

已有城市（如北京）成为先行者，改革力度较大，其实施效果和示范效应也十分明显，南京目前对老人、学生的票价优惠较多，换乘优惠近年也有了明显提高，受到居民的普遍认同。对于低收入居民，可以通过身份认证享受票价优惠。解决最后一公里通勤，以多种方式在公共交通层面提高低收入者的机动性和可达性。但票价的下降和通勤的改善终有界限，仅仅通过公共交通投入并不能解决全部问题，它仅是解决空间问题的一种不充分的替代。出现问题时，这一政策确实可以起到"雪中送炭"的作用，但它并不能解决"下雪"的根本问题。因此，尽管增加公共交通投入短期内对缓解职住分离的效用明显，但并不能解决职住关系核心的空间问题，更多的应该是作为解决低收入居民就业、长距离通勤的辅助政策。

第 8 章 结论与讨论

8.1 主要结论

在社会转型的大背景下,城市贫富差距加大,社会极化趋势愈发明显,低收入居民的社会空间分异是关系民生和社会公平的重要课题。区别于传统基于居住空间的社会空间分异研究,本书利用日志调查获取第一手居民日常活动时空间信息,同时以 POI 等空间数据作为补充,基于 ArcGIS 和 SPSS 平台构建数据库,并对低收入居民和非低收入居民的时空活动进行三维可视化分析及定量研究,得到以下结论。

8.1.1 社会调查相关结论

经过社会调查,本书共得到 774 份有效样本,其中低收入样本 424 份,非低收入样本 350 份,两日出行记录共计 18 726 条。在此基础上建立数据库,验证数据逻辑性。

对获得的样本从总体和社区两个层面进行社会经济属性的分析。总体上看,低收入居民家庭具有规模大、女性偏多、文化水平偏低、汽车持有量低等特征。不同社区居民的社会经济属性有明显差异:老城传统邻里的流动人口偏多,老龄化明显;内城衰退单位社区中,低收入居民退休比例和老龄化比例明显偏高,非低收入居民则经济状况良好,汽车持有量高;郊区大型保障房社区中,不同收入居民在社会经济属性上表现出非常明显的差异性,低收入居民退休比例偏低,老龄化偏低,文化水平低,家庭规模大,而非低收入居民整体呈现高学历、年轻化等特征。对比不同区位社区的低收入居民和非低收入居民的社会经济属性,老城传统邻里中的两类收入居民相对异质性较小,内城衰退单位社区中的两类收入居民异质性一般,而郊区大型保障房社区中的两类收入居民社会属性呈现十分明显的异质性,这说明不同收入居民之间的确存在异质性,但是不同社区内部异质性程度差异明显。

8.1.2 不同收入居民日常活动的时空特征

从三个方面对低收入居民日常活动特征进行总结,其时间、空间、移动上呈现以下特征。在时间分配上,工作日,两类收入居民主要活动都是工作,但是低收入居民在工作时间中可能会穿插其他活动,因此呈现出活动节奏的碎片化特征。休息日,低收入居民工作活动显著减少，但是娱乐、私事等活动增加，休息日活动节奏呈现更加明显的凌乱化和多样化特征。基于汇总的时空节奏分析进一步刻画出低收入居民利用时间的特征，工作日工作活动呈现上午和下午明显的双峰态势，购物活动主要集中在上午，出行活动呈现非常明显的双峰态势；私人活动主要集中在上午上班之前，中午，以及晚上下班之后。休息日，工作活动强度显著减少，休闲活动依旧集中在晚上，购物活动变化不明显，出行活动节奏较为零散，整天都有出行活动，私人活动主要集中在中午和晚上，晚上睡眠时间推迟。和非低收入居民相比，低收入居民休息日的购物、休闲活动强度都较弱，但是工作活动却偏多。在不同活动时间分配上，不同收入居民无论是在工作日还是在休息日都呈现出显著的不同。从空间特征来看，家附近空间，尤其是离家 1 km 范围内的社区空间是居民最常利用的活动空间。和非低收入居民相比，低收入居民的工作活动空间更集中在老城和内城区域，外城活动区域较少。从移动性来看，低收入居民日常活动距离较短，单程出行耗时少且出行花费较低，出行频率较低，高度依赖公共交通，机动性较差。

8.1.3 活动空间分异特征

本书从活动空间特征和城市空间利用两个方面对时空行为下的城市低收入居民社会空间分异进行探究。一方面借鉴西方研究经验，选取不同维度的分异指标，对不同收入居民的活动空间特征进行描述；另一方面对不同收入居民的活动在城市空间的分布特征进行定量计算，了解不同收入居民在城市空间利用上存在的差异，最后通过回归方程，总结影响其活动空间分异的主要因素。

基于"四个维度，六个指标"对不同收入居民的活动空间特征进行分析，活动空间特征相似处越多，可以认为这两类收入居民日常生活空间重叠的可能性越高，越不容易发生社会隔离。结果发现，总体层面，低收入居民活动范围小，户外活动时间偏少，户外活动空间单调，出行高度依赖交通工具。社区层面的差异有所不同：老城传统邻里的低收入居民和非低收入居民的活动空间特征类似，内城衰退单位社区的不同收入居民的活动空间在广度和强度上有所差异，郊区大型保障房社区的不同收入居民在活动空间的四个维度上都有明显差异，这说明和老城传统邻里及内城衰退单位社区居民相比，郊区大型保障房社区的低收入居民和非低收入居民在活动空间上具有明显异质性。

不同收入居民在不同城市空间利用上差异显著。总体层面，不同收入居民在利用内城空间上差异不明显，但是在郊区空间利用上差异显著。社区层面，老城传统邻里的不同收入居民在城市空间利用上差异不明显，内城衰退单位社区和郊区大型保障房社区的低收入居民都更加依赖本地空间，但是这两类社区的低收入居民的就业活动差异明显。内城衰退单位社区的低收入居民的工作活动距离较短，可能的原因是，社区靠近市中心，且社区内部设施密集，社区及周边空间可以满足社区内低收入居民日常生活所需，居民不仅可以在家附近找到工作，而且社区及周边配套可以满足其日常活动。郊区大型保障房社区的低收入居民通勤时间长，通勤距离远，可能的原因是，社区内及周边设施匮乏，且低收入居民机动性和移动性不足，被动滞留在郊区空间，日常生活只能在社区中进行。

建立逻辑回归模型对居民利用城市空间的影响因素进行分析。收入并非是影响所有居民利用城市空间的重要因素,收入对于内城居民而言并非是最主要的影响其利用城市空间的因素,但是却是影响郊区居民城市空间利用的重要因素,家庭属性和建成环境共同影响了居民日常活动空间和对城市空间的利用。

8.1.4 基于活动空间的社会排斥特征

收入是影响居民利用不同城市空间的重要因素,但不是唯一因素。回归模型发现城市空间的利用和居住区位关系十分紧密,而问卷调查显示,大部分迁居的低收入居民都是被动迁移,由于自身移动性较差,加之公共交通的短缺,最终导致他们日常活动空间"被郊区化"。

南京的案例研究表明,总体层面,低收入居民设施可达性明显低于非低收入居民。在本书调查的15种公共设施中,低收入居民使用公共交通和商业设施的机会显著低于非低收入居民,而问卷调查中,公共交通被认为是人们日常生活中最重要的设施,这说明低收入居民对重要设施的获取明显不足。社区层面,内城衰退单位社区和老城传统邻里居民的设施可达性显著高于郊区大型保障房社区居民。郊区大型保障房社区居民对调查中的15种设施的可达性均为最低。回归模型表明,收入对郊区大型保障房社区居民的设施可达性有显著影响,内城衰退单位社区和老城传统邻里在公共服务设施可达性上相对公平。这个结论也说明居住的区位对个体设施可达性有重要影响。

个体收入、居住区位、设施可达性和社会排斥之间存在着密切的联系。由于居住空间发展深受历史惯性的影响,内城衰退单位社区和老城传统邻里主要位于城市中心或中心附近,尽管这两类社区的居住环境逐渐恶化,但是社区周边密集的公共服务设施还是为居民提供了大量的就业机会和娱乐休闲机会。尤其是内城衰退单位社区,优越的地理位置和内部完善的设施最大限度地降低了低收入居民的生活成本,提高了他们获得各种优质设施的机会,减少了他们被社会排斥的情况。然而,郊区大型保障房社区的居民主要聚居在城市边缘区域,这些地区的公共服务和设施相对匮乏。被安置到郊区大型保障房社区的低收入居民大多受教育水平较低,工作技能有限,但是匹配其能力的商业服务业的就业机会主要在主城区,居住和就业空间的不匹配使得郊区大型保障房社区的低收入居民常常陷入失业或远距离通勤的困境。

8.2 主要创新点

1) 构建了时空行为下低收入居民社会空间分异研究框架

个体行为视角下的社会空间分异在国内外学界才刚起步,相关研究成果较少,已有的研究大多基于时空行为的某一方面进行分析,如活动空间大小、活动地点数量等,本书在对社会空间分异、社会排斥、活动空间、时间地理学、行为地理学等相关理论进行详细阐释的基础上，构建了"三个方面，两个层面"的时空行为下低收入居民社会空间分异研究框架，拓展了社会空间研究思路。其中三个方面分别是个体时空活动特征、个体对不同城市空间的利用、个体公共服务设施可达性，这三个方面涵盖目前主流活动空间分异和时空行为研究的主要研究对象，尤其强调城市规划领域关注的个体行为特征和个体活动与城市空间系统的交互关系，包括对城市空间的利用、活动空间重叠、公共服务设施可达性等；两个层面是总体层面和按照区位划分的社区层面。区别于以往只针对低收入居民总体层面的分析，本书不仅在总体层面对比了低收入居民和非低收入居民的活动空间分异，而且以区位对受访者进行亚群分类，在控制区位因素的基础上，对居住在同一区位的不同收入居民进行对比分析，归纳了不同区位低收入居民日常活动的时空需求和社会空间分异特征。

2）优化了微观个体下社会排斥和社会空间分异的量化方法

本书在两个方面优化了微观个体视角下社会排斥和社会空间分异的量化方法。一方面，已有的公共服务设施可达性研究往往基于特定地点（location）（如家、工作地、学校等），利用重力法、累加法等方法计算距该特定地点一定距离范围内的所有潜在机会，忽视了个体的时空限制和个体日常活动空间的多样性。因此，本书基于个体日常活动空间和POI数据，同时考虑了不同设施的权重，提出了个体设施可达性的量化方法，研究结果不仅适用于个体之间的不同类型设施和总体设施可达性对比，还适用于不同社区不同社会居民设施可达性对比。另一方面，以往研究大多采用简单线性回归模型，将所有可能影响个体时空行为的因素一次性导入模型进行分析。从结果上看，这些回归模型的拟合度较低，且由于不同变量可能会相互干扰，难以解释特定因素（如收入）是否是影响个体活动的关键因素。因此，本书在建模分析上做了模型选取、自变量和因变量选取、分析策略三方面的优化，在模型选取上，根据数据特征和研究内容综合使用有序逻辑回归模型和线性回归模型；在变量选取上尽可能保留原始数据的信息，例如在有序逻辑回归模型中，对因变量没有做二次分类，而是将原始数据的每一个取值作为一类以保留数据的原始信息，大大提高了分析精度；在分析策略上，采用分步回归的方法区别收入及其他因素对个体活动行为的影响。此外，为区分居住区位对个体日常活动的显著影响，对不同区位的居民分别构建回归模型，其结果相较于以往研究更加精细化。

3）深化了低收入居民社会空间分异的研究结论

我国低收入居民虽然都有收入低下这一共性特征，但是在社会转型的大背景下，低收入居民构成非常复杂，既有社会制度改革下失业半失业的国企工人，又有进城务工的非户籍农民，还有因生理弱势（如老年、残疾等）而未被纳入社会保障体系的低收入居民、城市更新中失去住所和工作的内城居民等。不同类型的低收入居民可能由于居住区位不同，年龄、性别、户籍等其他社会经济属性的不同而呈现出居民内部的活动空间异质性。本书在研究低收入对个体活动空间和社会空间影响的同时，突破以往将同一个社区的居民当作均质体的研究范式，对居住在同一地点的不同收入居民的活动空间和城市空间利用进行比较分析，换言之，本书在控制"居住区位"变量的前提下，对"收入"这一变量如何影响个体日常时空活动进行分析。研究发现，不同收入居民不仅在总体层面表现出明显的时空活动异质性，而且由于居住区位的不同，不同收入居民内部也存在时空活动异质性，收入是影响居民日常活动和活动空间的重要因素，但是优势的城市区位可以明显提升低收入居民社会空间发展的公平性。因此，对低收入居民外部和内部双重异质性的考察符合研究精细化的趋势，同时也为我国关注每一个个体的公平正义的城市策略提供了实证研究和理论依据。

8.3 不足与展望

无论是国内还是国外，低收入居民都是一个数量众多的社会居民，且随着社会进步其构成也不断变化，对这一特定社会居民的研究很难全面铺开。正如著名社会学家艾尔·巴比(2009)所言，社会规律是概率模式，通则性的模式并不需要百分百反映所有个案。本着务实的态度，作者尽可能以科学方法筛选案例，以实事求是的态度观察和分析数据，但是由于个人能力的限制，本书仍存在诸多不足。

（1）案例选择和数据采集上存在一定的局限性。本书所选的案例城市是作者熟悉的，也是中国大城市的典型代表，但是不同城市空间的发展历史、自然环境、建成环境差异很大，不同的城市空间中低收入居民的居住地和活动空间范围可能存在一定差异。仅仅选取一个大城市的若干个社区很难完全反映出转型背景下我国低收入居民社会空间发展的问题和分异现象全貌，下一步需要对其他不同发展背景的城市、不同空间类型及社区类型的低收入居民进行比较分析，以补充和完善研究结果。

（2）在研究方法上，由于基于微观个体角度分析社会空间尚属前沿课题，数据和方法并不统一，例如个体活动空间的描绘方法、个体日常时空活动出行数据的采集途径、时空约束的分析视角等，在方法论上尚未形成统一的研究范式，而不同的研究角度、研究数据和研究方法计算的最终结果可能会存在一定差异。本书选择的以传统活动出行日志作为数据以及标准置信椭圆的刻画方法，在理论和操作上都是成熟的，但是随着GPS定位数据、社交媒体签到数据、手机信令数据、出租车数据等大数据的兴起，本书采用的数据采集方法和活动空间刻画方法在精度上显得有所不足，因此，在未来的研究中考虑将时空大数据和调查小数据相结合来研究低收入居民的社会空间分异。

参 考 文 献

中文文献

阿马蒂亚·森,王燕燕,2005.论社会排斥[J].经济社会体制比较(3):1-7.

艾尔·巴比,2009.社会研究方法[M].邱泽奇,译.北京:华夏出版社.

柴彦威,1998.时间地理学的起源、主要概念及其应用[J].地理科学,18(1):65-72.

柴彦威,2005.行为地理学研究的方法论问题[J].地域研究与开发,24(2):1-5.

柴彦威,2014.空间行为与行为空间[M].南京:东南大学出版社.

柴彦威,李春江,张艳,2020.社区生活圈的新时间地理学研究框架[J].地理科学进展,39(12):1961-1971.

柴彦威,李峥嵘,史中华,1999.生活时间调查研究回顾与展望[J].地理科学进展,18(1):68-75.

柴彦威,马静,张文佳,2010.基于巡回的北京市居民出行时空决策的社区分异[J].地理研究,29(10):1725-1734.

柴彦威,申悦,塔娜,2014.基于时空行为研究的智慧出行应用[J].城市规划,38(3):85-91.

柴彦威,沈洁,2008.基于活动分析法的人类空间行为研究[J].地理科学,28(5):594-600.

柴彦威,谭一洺,2017.中国西部城市居民时空行为特征研究:以西宁市为例[J].人文地理(4):37-44.

柴彦威,谭一洺,申悦,等,2017.空间:行为互动理论构建的基本思路[J].地理研究(10):1959-1970.

柴彦威,王恩宙,1997.时间地理学的基本概念与表示方法[J].经济地理,17(3):55-61.

柴彦威,张文佳,张艳,等,2009.微观个体行为时空数据的生产过程与质量管理:以北京居民活动日志调查为例[J].人文地理(6):1-9.

柴彦威,张雪,2014.北京郊区女性居民一周时空间行为的日间差异研究[J].地理科学(6):725-732.

陈端计,1999.中国经济转型中的城镇贫困问题研究[M].北京:经济科学出版社.

陈果,顾朝林,吴缚龙,2004.南京城市贫困空间调查与分析[J].地理科学,24(5):542-549.

陈浩,张京祥,吴启焰,2010.转型期城市空间再开发中非均衡博弈的透视:政治经济学的视角[J].城市规划学刊(5):33-40.

程龙,陈学武,2015.基于结构方程的城市低收入通勤者活动-出行行为模型[J].东南大学学报(自然科学版),45(5):1013-1019.

戴维·波普诺,1999.社会学[M].李强,等译.10版.北京:中国人民大学出版社.

单菁菁,2011.居住空间分异及贫困阶层聚居的影响与对策[J].现代城市研究,26(10):19-23.

段进,2006.城市空间发展论[M].2版.南京:江苏科学技术出版社.

樊平,1996.中国城镇的低收入群体:对城镇在业贫困者的社会学考察[J].中国社会科学(4):64-77.

冯健,陈秀欣,兰宗敏,2007.北京市居民购物行为空间结构演变[J].地理学报,62(10):1083-1096.

冯健,周一星,2008.转型期北京社会空间分异重构[J].地理学报,63(8):829-844.

古杰,周素红,闫小培,2013.生命历程视角下的广州市居民居住迁移的时空路径[J].地理研究,32(1):157-165.

顾朝林,2002.城市社会学[M].南京:东南大学出版社.

顾朝林,克斯特洛德,1997.北京社会极化与空间分异研究[J].地理学报,52(5):385-393.

郭菂,李进,王正,2011.南京市保障性住房空间布局特征及优化策略研究[J].现代城市研究,26(3):83-88.

韩会然,杨成凤,宋金平,2014.芜湖市居民购物出行空间的等级结构演变特征及驱动机制[J].地理研究,33(1):107-118.

郝新华,周素红,彭伊侬,等,2018.广州市低收入群体户外活动的时空排斥及其影响机制[J].人文地理,33(3):97-103.

何深静,刘玉亭,吴缚龙,等,2010.中国大城市低收入邻里及其居民的贫困集聚度和贫困决定因素[J].地理学报,65(12):1464-1475.

和玉兰,甄峰,朱寿佳,等,2014.网络信息时代女性居民日常活动时空特征研究:以南京市为例[J].人文地理,29(2):29-34.

胡军,孙莉,2005.制度变迁与中国城市的发展及空间结构的历史演变[J].人文地理,20(1):19-23.

黄潇婷,马修军,2011.基于GPS数据的旅游者活动节奏研究[J].旅游学刊(12):26-29.

贾晓朋,孟斌,张媛媛,2015.北京市不同社区居民通勤行为分析[J].地域研究与开发,34(1):55-59.

兰宗敏,冯健,2010.城中村流动人口的时间利用以及生活活动时空结构:对北京5个城中村的调查[J].地理研究,29(6):1092-1104.

雷金纳德·戈列奇,罗伯特·斯廷林,2013.空间行为的地理学[M].柴彦威,等译.北京:商务印书馆.

李静,2009.大城市低收入人口空间分布及其聚居形态研究:以大连市为例[D].大连:辽宁师范大学.

李强,2003.社会分层与社会发展[J].中国特色社会主义研究(1):29-34.

李峥嵘,柴彦威,1999.大连城市居民周末休闲时间的利用特征[J].经济地理(5):80-84.

李志刚,吴缚龙,卢汉龙,2004.当代我国大都市的社会空间分异:对上海三个社区的实证研究[J].城市规划,28(6):60-67.

林聚任,2009.社会网络分析:理论、方法与应用[M].北京:北京师范大学出版社.

刘倩,李钢,丁瑞,等,2014.西安市弱势群体职住分离的空间结构研究[J].天津师范大学学报(自然科学版),34(4):46-52.

刘燕,2016.欧盟反社会排斥政策研究(1989—2015)[D].昆明:云南大学.

刘玉亭,2005.转型期中国城市贫困的社会空间[M].北京:科学出版社.

刘玉亭,何深静,李志刚,2005.南京城市贫困群体的日常活动时空间结构分析[J].中国人口科学(1):85-93.

刘玉亭,吴缚龙,何深静,等,2006.转型期城市低收入邻里的类型、特征和产生机制:以南京市为例[J].地理研究,25(6):1073-1082.

刘志林,张艳,柴彦威,2009.中国大城市职住分离现象及其特征:以北京市为例[J].城市发展研究,16(9):110-117.

陆学艺,2002.当代中国社会阶层研究报告[M].北京:社会科学文献出版社.

陆学艺,2010.中国社会阶级阶层结构变迁60年[J].中国人口·资源与环境,20(7):1-11.

吕斌,张纯,陈天鸣,2013.城市低收入群体的就业可达性变化研究:以北京为例[J].城市规划(1):56-63.

吕红,2013.城市公园游憩活动与其空间关系的研究[D].泰安:山东农业大学.

马尔科姆·沃特斯,2000.现代社会学理论[M].杨善华,等译.北京:华夏出版社.

曼纽尔·卡斯特,2003.网络社会的崛起[M].夏铸九,等译.北京:社会科学文献出版社.

孟斌,于慧丽,郑丽敏,2012.北京大型居住区居民通勤行为对比研究:以望京居住区和天通苑居住区为例[J].地理研究,31(11):2069-2079.

庞瑞秋,2009.中国大城市社会空间分异研究:以长春市为例[D].长春:东北师范大学.

彭华民,2005.社会排斥与社会融合:一个欧盟社会政策的分析路径[J].南开学报(哲学社会科学版)(1):23-30.

申悦,柴彦威,2012.基于GPS数据的城市居民通勤弹性研究:以北京市郊区巨型社区为例[J].地理学报,67(6):733-744.

申悦,柴彦威,2013.基于GPS数据的北京市郊区巨型社区居民日常活动空间[J].地理学报,68(4):506-516.

申悦,柴彦威,2018.基于日常活动空间的社会空间分异研究进展[J].地理科学进展,37(6):853-862.

沈立人,2005.中国弱势群体[M].北京:民主与建设出版社.

石恩名,刘望保,唐艺窈,2015.国内外社会空间分异测度研究综述[J].地理科学进展,34(7):818-829.

宋伟轩,陈培阳,徐旳,2013.内城区户籍贫困空间剥夺式重构研究:基于南京10843份拆迁安置数据[J].地理研究,32(8):1467-1476.

宋伟轩,吴启焰,朱喜钢,2010.新时期南京居住空间分异研究[J].地理学报,65(6):685-694.

宋伟轩,朱喜钢,2009.新时期南京居住社会空间的"双重碎片化"[J].现代城市研究,24(9):65-70.

孙立平,2004.转型与断裂:改革以来中国社会结构的变迁[M].北京:清华大学出版社.

孙樱,陈田,韩英,2001.北京市区老年人口休闲行为的时空特征初探[J].地理研究,20(5):537-546.

塔娜,柴彦威,2015.北京市郊区居民汽车拥有和使用状况与活动空间的关系[J].地理研究,34(6):1149-1159.

塔娜,柴彦威,2017.基于收入群体差异的北京典型郊区低收入居民的行为空间困境[J].地理学报,72(10):1776-1786.

塔娜,柴彦威,关美宝,2015.北京郊区居民日常生活方式的行为测度与空间—行为互动[J].地理学报,70(8):1271-1280.

童星,林闽钢,1994.我国农村贫困标准线研究[J].中国社会科学(3):86-98.

汪徽,王承慧,2016.大型保障性住区社会融合评价研究:以南京南湾营为例[C]//中国城市规划学会.规划60年:成就与挑战 2016中国城市规划年会论文集.北京:中国建筑工业出版社.

王波,甄峰,2011.南京市区就业空间布局研究[J].人文地理,26(4):58-65.

王承慧,张丹蕾,汪徽,2017.大型保障房住区贫困集聚测度及其发展对策[J].规划师,264(12):93-100.

王德,李光德,朱玮,等,2013.苏州观前商业街区消费者行为模型构建与应用[J].城市规划,37(9):28-33.

王开泳,肖玲,王淑婧,2005.城市社会空间结构研究的回顾与展望[J].热带地理,25(1):28-32.

王培暄,1998.城市贫困问题的诊断[J].南京大学学报(哲学·人文科学·社会科学),34(1):142-148.

王侠,2004.大城市低收入居住空间发展研究:以南京市为例[D].南京:东南大学.

王效容,2016.保障房住区对城市社会空间的影响及评估研究[D].南京:东南大学.

王兴中,等,2000.中国城市社会空间结构研究[M].北京:科学出版社.

吴缚龙,2007.转型的贫困:转型城市的贫困问题[C]//北京大学北京论坛学术委员会.文明的和谐与共同繁荣:对人类文明方式的思考.北京:北京大学出版社.

吴玲玲,黄正东,江海燕,等,2018.公共交通网络下的城市中低收入人群就业可达性研究

[J]. 城市发展研究,25(8):117-124.

吴启焰,2001. 大城市居住空间分异研究的理论与实践[M]. 北京:科学出版社.

吴启焰,崔功豪,1999. 南京市居住空间分异特征及其形成机制[J]. 城市规划,23(12):23-26.

谢勇,2006. 中国城镇居民低收入群体研究综述[J]. 人口与经济(2):54-59.

许学强,胡华颖,叶嘉安,1989. 广州市社会空间结构的因子生态分析[J]. 地理学报,44(4):385-399.

许学强,周一星,宁越敏,1997. 城市地理学[M]. 北京:高等教育出版社.

薛东前,刘溪,周会粉,2013. 中国居民时间的利用特征及其影响因素分析[J]. 地理研究,32(9):1688-1698.

杨上广,2006. 中国大城市社会空间的演化[M]. 上海:华东理工大学出版社.

杨永亮,2013. 长三角地区生产性服务业空间分异及其影响因素研究[D]. 杭州:浙江财经学院.

殷国俊,2009. 从时间利用看我国居民的休闲娱乐状况[J]. 中国统计(9):30-32.

虞蔚,1986. 城市社会空间的研究与规划[J]. 城市规划,10(6):25-28.

袁媛,薛德升,许学强,2006. 转型时期我国城市贫困研究述评[J]. 人文地理,21(1):93-99.

曾文,向梨丽,张小林,2017. 南京市社区服务设施可达性的空间格局与低收入社区空间剥夺研究[J]. 人文地理,32(1):73-81.

曾文,张小林,2015. 社会空间的内涵与特征[J]. 城市问题(7):26-32.

张纯,柴彦威,李昌霞,2007. 北京城市老年人的日常活动路径及其时空特征[J]. 地域研究与开发,26(4):116-120.

张鸿雁,2005. 城市空间的社会与"城市文化资本"论:城市公共空间市民属性研究[J]. 城市问题(5):2-8.

张文佳,柴彦威,2009. 居住空间对家庭购物出行决策的影响[J]. 地理科学进展,28(3):362-369.

张艳,柴彦威,2011. 北京城市中低收入者日常活动时空特征分析[J]. 地理科学,31(9):1056-1064.

张艳,柴彦威,郭文伯,2014. 北京城市居民日常活动空间的社区分异[J]. 地域研究与开发,33(5):65-71.

章光日,2005. 信息时代人类生活空间图式研究[J]. 城市规划,29(10):29-36.

郑杭生,李路路,2004. 当代中国城市社会结构现状与趋势[M]. 北京:中国人民大学出版社.

郑静,许学强,陈浩光,1995. 广州市社会空间的因子生态再分析[J]. 地理研究,14(2):15-26.

中国大百科全书编辑委员会,1990. 中国大百科全书:地理学[M]. 北京:中国大百科全书出版社.

钟炜菁,王德,2018. 基于居民行为周期特征的城市空间研究[J]. 地理科学进展,37(8):1106-1118.

周素红,程璐萍,吴志东,2010. 广州市保障性住房社区居民的居住-就业选择与空间匹配性[J]. 地理研究,29(10):1735-1745.

周素红,邓丽芳,2010. 基于T-GIS的广州市居民日常活动时空关系[J]. 地理学报,65(12):1454-1463.

周素红,邓丽芳,2017. 城市低收入人群日常活动时空集聚现象及因素:广州案例[J]. 城市规划,41(12):17-25.

朱玮,王德,2008. 南京东路消费者的空间选择行为与回游轨迹[J]. 城市规划(3):33-40.

祝俊明,1995. 上海市人口的社会空间结构分析[J]. 中国人口科学(4):21-30.

外文文献

Atkinson R, 2006. Padding the bunker: strategies of middle-class disaffiliation and colonisation in the city[J]. Urban Studies, 43(4):819-832.

Atkinson R, Flint J, 2004. Fortress UK? Gated communities, the spatial revolt of the elites and time-space trajectories of segregation[J]. Housing studies, 19(6):875-892.

Bhalla A, Lapeyre F, 1997. Social exclusion: towards an analytical and operational framework[J]. Development and Change, 28(3):413-433.

Bjorklund E M, 1986. The danwei: socio-spatial characteristics of work units in China's urban society[J]. Economic Geography, 62(1):19-29.

Blau P M, 1977. Inequality and heterogeneity: a primitive theory of social structure[M]. New York: Free Press.

Bourdieu P, 1985. The social space and the genesis of groups[J]. Theory and Society, 14(6):723-744.

Bray D, 2006. Building 'community': new strategies of governance in urban China[J]. Economy and Society, 35(4):530-549.

Burgess S, Wilson D, Lupton R, 2005. Parallel lives? Ethnic segregation in schools and neighbourhoods[J]. Urban Studies, 42(7):1027-1056.

Casas I, 2007. Social exclusion and the disabled: an accessibility approach[J]. The Professional Geographer, 59(4):463-477.

Cass N, Shove E, Urry J, 2005. Social exclusion, mobility and access[J]. The Sociological Review, 53(3):539-555.

Chang H S, Liao C H, 2011. Exploring an integrated method for measuring the relative spatial equity in public facilities in the context of urban parks[J]. Cities, 28(5): 361-371.

Chapin F, 1974. Human activity patterns in the city: things people do in time and in space [M]. New York: John Wiley & Sons.

Church A, Frost M, Sullivan K, 2000. Transport and social exclusion in London[J]. Transport Policy, 7(3): 195-205.

Claval P, 1984. The concept of social space and the nature of social geography[J]. New Zealand Geographer, 40(2):105-109.

Dijst M, 1999. Two-earner families and their action spaces: a case study of two dutch communities[J]. GeoJournal, 48(3):195-206.

Doherty S T, Miller E J, 2000. A computerized household activity scheduling survey [J]. Transportation, 27(1):75-97.

Duffy K, 1998. Combating social exclusion and promoting social integration in the European Union[M]. London:IPPP.

Duncan O D, Duncan B,1955. A methodological analysis of segregation indexes[J]. American Sociological Review, 20(2): 210-217.

Ellis M, Wright R, Parks V, 2004. Work together, live apart? Geographies of racial and ethnic segregation at home and at work[J]. Annals of the Association of American Geographers, 94(3): 620-637.

Farber S, Páez A, Mercado R G, et al, 2011. A time-use investigation of shopping participation in three Canadian cities: is there evidence of social exclusion? [J]. Transportation, 38(1):17-44.

Farrington J, Farrington C, 2005. Rural accessibility, social inclusion and social justice: towards conceptualisation[J]. Journal of Transport Geography, 13(1):1-12.

Feng J, Zhou Y X, 2008. Restructuring of socio-spatial differentiation in Beijing in the transition period[J]. Acta Geographica Sinica, 63(8): 829-844.

Gesler W M, Meade M S, 1988. Locational and population factors in health care-seeking behavior in Savannah, Georgia[J]. Health Services Research, 23(3):443-462.

Ghodsypour S H, O'Brien C, 1998. A decision support system for supplier selection using an integrated analytic hierarchy process and linear programming [J]. International Journal of Production Economics, 56/57:199-212.

Giddens A, 1984. The constitution of society: outline of the theory of the structuration [M]. Cambridge: Polity Press.

Golledge R G, Stimson R J, 1997. Spatial behavior: a geographic perspective[M]. New York: The Guilford Press.

Gu C L, Wang F H, Liu G L, 2005. The structure of social space in Beijing in 1998: a socialist city in transition[J]. Urban Geography, 26(2): 167-192.

Hägerstrand T, 1970. What about people in regional science? [J]. Papers of the Regional Science Association, 24(1): 7-24.

Hägerstrand T, 1984. Presence and absence: a look at conceptual choices and bodily necessities[J]. Regional Studies, 18(5): 373-379.

Horton F E, Reynolds D R, 1969. An investigation of individual action spaces: a progress report[J]. Proceeding of the Association of American Geographers(1): 70-75.

Horton F E, Reynolds D R, 1971. Effects of urban spatial structure on individual behavior[J]. Economic Geography, 47(1):36-48.

Järv O, Müürisepp K, Ahas R, et al, 2015. Ethnic differences in activity spaces as a characteristic of segregation: a study based on mobile phone usage in Tallinn, Estonia[J]. Urban Studies, 52(14): 2680-2698.

Johnston R J, 1986. Philosophy and human geography: an introduction to contemporary approaches[M]. New York: John Wiley & Sons.

Jones M, Pebley A R, 2014. Redefining neighborhoods using common destinations: Social characteristics of activity spaces and home census tracts compared[J]. Demography, 51(3): 727-752.

Kain J F, 1968. Housing segregation, negro employment and metropolitan decentralization[J]. Quarterly Journal of Economics, 82(2): 175-197.

Kenyon S, Lyons G, Rafferty J, 2002. Transport and social exclusion: investigating the possibility of promoting inclusion through virtual mobility[J]. Journal of Transport Geography, 10(3): 207-219.

Kestens Y, Lebel A, Daniel M, et al, 2010. Using experienced activity spaces to measure foodscape exposure[J]. Health & Place, 16(6): 1094-1103.

Kim S, Joo Y J, Park S H, 2011. Pedestrian path findings using multi-factors affected walking[J]. Proceedings of the Geospatial World Forum (1):18-21.

Knox P, Pinch S, 2000. Urban social geography: an introduction[M]. 4th ed. Essex, UK: Pearson Education.

Krivo L J, Washington H M, Peterson R D, et al, 2013. Social isolation of disadvantage and advantage: the reproduction of inequality in urban space[J]. Social Forces, 92(1):141-164.

Kwan M P, 1998. Space-time and integral measures of individual accessibility: a comparative analysis using a point-based framework[J]. Geographical Analysis, 30(3): 191-216.

Kwan M P, 1999. Gender and individual access to urban opportunities: a study using space-time measures[J]. The Professional Geographer, 51(2):211-227.

Kwan M P, 1999. Gender, the home-work link, and space-time patterns of nonemployment activities[J]. Economic Geography, 75(4):370-394.

Kwan M P, 2000. Interactive geovisualization of activity-travel patterns using three-dimensional geographical information systems: a methodological exploration with a large data set[J]. Transportation Research Part C, 8(1/6):185-203.

Kwan M P, 2009. From place-based to people-based exposure measures[J]. Social Science & Medicine,69(9): 1311-1313.

Kwan M P, 2013. Beyond space (as we knew it): toward temporally integrated geographies of segregation, health, and accessibility[J]. Annals of the Association of American Geographers, 103(5): 1078-1086.

Kwan M P, Kotsev A, 2015. Gender differences in commute time and accessibility in Sofia, Bulgaria: a study using 3D geovisualisation[J]. The Geographical Journal, 181(1):83-96.

Lee J Y, Kwan M P, 2011. Visualisation of socio-spatial isolation based on human activity patterns and social networks in space-time [J]. Tijdschrift Voor Economische En Sociale Geografie, 102(4): 468-485.

Lenntorp B, 1977. Paths in space-time environments: a time-geographic study of movement possibilities of individuals[J]. Environment and Planning A, 9(8): 961-972.

Levitas R, Pantazis C, Fahmy E, et al., 2007. The multi-dimensional analysis of social exclusion[R]. London: The Social Exclusion Task Force.

Li F, Wang D G, 2017. Measuring urban segregation based on individuals' daily activity patterns: a multidimensional approach[J]. Environment and Planning A: Economy and Space,49(2):467-486.

Liu Y T, Wu F L, 2006. Urban poverty neighbourhoods: typology and spatial concentration under China's market transition, a case study of Nanjing[J]. Geoforum, 37(4): 610-626.

Logan J R, Bian Y J, 1993. Inequalities in access to community resources in a Chinese city[J]. Social Forces, 72(2): 555-576.

Long Y, Shen Z J,2015. Geospatial analysis to support urban planning in Beijing[M]. Switzerland: Springer International Publishing.

Massey D S, Denton N A, 1988. The dimensions of residential segregation[J]. Social Forces, 67(2): 281-315.

Miller H J, 1991. Modelling accessibility using space-time prism concepts within geographical information systems [J]. International Journal of Geographical Information Systems, 5(3): 287-301.

Morgan B S, 1975. The segregation of socio-economic groups in urban areas: a comparative analysis[J]. Urban Studies, 12(1): 47-60.

Newsome T H, Walcott W A, Smith P D, 1998. Urban activity spaces: Illustrations and application of a conceptual model for integrating the time and space dimensions [J]. Transportation, 25(4):357-377.

Nishii K, Kondo K, 1992. Trip linkages of urban railway commuters under time-space constraints: Some empirical observations[J]. Transportation Research Part B: Methodological, 26(1):33-44.

Novák J, Sýkora L, 2007. A city in motion: time-space activity and mobility patterns of suburban inhabitants and the structuration of the spatial organization of the Prague metropolitan area[J]. Geografiska Annaler B, 89(2):147-168.

Pantazis C, Gordon D, Levitas R, 2006. Poverty and social exclusion in Britain[M]. Polily Press.

Percy-Smith J, 2000. Policy responses to social exclusion: towards inclusion[M]. Buckingham: Open University Press.

Peters D H, Garg A, Bloom G, et al, 2008. Poverty and access to health care in developing countries[J]. Annals of the New York Academy of Sciences, 1136(1), 161-171.

Pred A, 1973. Urbanization, domenstic planning problems and Swedish geographical research [M]. London: Edward Arnold.

Saaty T L, 1980. The analytic hierarchy process[M]. New York:McGrawHill.

Saaty T L, 2008. Decision making with the analytic hierarchy process[J]. International Journal of Services Sciences, 1(1): 83-98.

Schönfelder S, Axhausen K W, 2003. Activity spaces: measures of social exclusion [J]. Transport Policy, 10(4): 273-286.

Sen A, 1976. Poverty: an ordinal approach to measurement[J]. Econometrica, 44(2): 219-231.

Sen A, 1981. Poverty and famines: an essay on entitlement and deprivation[M]. Oxford: Clarendon Press.

Shaw S L, Wang D M, 2000. Handling disaggregate spatiotemporal travel data in GIS [J]. GeoInformatica, 4(2): 161-1781.

Sheller M, Urry J, 2006. The new mobilities paradigm[J]. Environment & Planning A, 38(2):207-226.

Sherman J E, Spencer J, Preisser J S, et al, 2005. A suite of methods of representing activity space in a healthcare accessibility study[J]. International Journal of Health Geographics, 4(1): 1-2.

Silver H, 1994. Social exclusion and social solidarity: three paradigms[J]. International Labour Review, 133(5):42-51.

Social Exclusion Unit, 2003. Making the Connections: final report on transport and social exclusion[R]. London: Office of the Deputy Prime Minister.

Soja E W, 1980. The socio-spatial dialectic[J]. Annals of the Association of American Geographers, 70(2):207-225.

Ta N, Chai Y W, Zhang Y, et al, 2017. Understanding job-housing relationship and commuting pattern in Chinese cities: Past, present and future[J]. Transportation Research Part D: Transport and Environment, 52:562-573.

Talen E, Anselin L, 1998. Assessing spatial equity: an evaluation of measures of accessibility to public playgrounds[J]. Environment and Planning A: Economy and Space, 30(4):595-613.

Tan Y M, Kwan M P, Chai Y W, 2017. Examining the impacts of ethnicity on space-time behavior: evidence from the city of Xining, China[J]. Cities, 64(4):26-36.

Thomas C S, Taylor F, 1971. Online: dynamic models of segregation[J]. The Journal of Mathematical Sociology, 2(1): 143-186.

Tsou K W, Hung Y T, Chang Y L, 2005. An accessibility-based integrated measure of relative spatial equity in urban public facilities[J]. Cities, 22(6): 424-435.

Ureta S, 2008. To move or not to move? Social exclusion, accessibility and daily mobility among the Low - income population in Santiago, Chile[J]. Mobilities, 3(2):269-289.

Wang D G, Cao X Y, 2017. Impacts of the built environment on activity-travel behavior: are there differences between public and private housing residents in Hong Kong? [J]. Transportation Research Part A: Policy and Practice,103:25-35.

Wang D G, Li F, 2016. Daily activity space and exposure: a comparative study of Hong Kong's public and private housing residents' segregation in daily life[J]. Cities, 59: 148-155.

Wang D G, Li F, Chai Y W, 2012. Activity spaces and sociospatial segregation in Beijing[J]. Urban Geography, 33(2): 256-277.

Wang H, Kwan M P, Hu M X, 2020. Usage of urban space and sociaspatial differentiation of income groups: a case study of Nanjing, China[J]. Journal of Economic and Human Geography, 111(4):616-633.

Weber J, Kwan M P, 2013. Evaluating the effects of geographic contexts on individual accessibility: a multilevel approach1[J]. Urban Geography, 24(8):647-671.

Weibull J W, 1980. On the numerical measurement of accessibility[J]. Environment and Planning A: Economy and Space,12(1): 53-67.

Witten K, Exeter D, Field A, 2003. The quality of urban environments: mapping variation in access to community resources[J]. Urban Studies, 40(1):161-177.

Wong D W S, Shaw S L, 2011. Measuring segregation: An activity space approach[J]. Journal of Geographical Systems, 13(2):127-145.

Wu F L, Li Z G, 2005. Sociospatial differentiation: processes and spaces in subdistricts of Shanghai[J]. Urban Geography, 26(2):137-166.

Yeh A G O, Xu X Q, Hu H Y, 1995. The social space of Guangzhou city, China[J]. Urban Geography, 16(7):595-621.

Yip N M, Forrest R, Xian S, 2016. Exploring segregation and mobilities: application of an activity tracking app on mobile phone[J]. Cities, 59:156-163.

Zenk S N, Schulz A J, Matthews S A, et al, 2011. Activity space environment and dietary and physical activity behaviors: a pilot study[J]. Health & Place, 17(5):1150-1161.

Zhang X, Wang J, Kwan M P, et al, 2019. Reside nearby, behave apart? Activity-space-based segregation among residents of various types of housing in Beijing, China[J]. Cities, 88:166-180.

Zhou S H, Deng L F, Kwan M P, et al, 2015. Social and spatial differentiation of high and low income groups' out-of-home activities in Guangzhou, China[J]. Cities, (45):81-90.

电子文献

《南京市"城中村"改造建设管理暂行办法》(宁政办发〔2006〕73号)http://ghi.nanjing.gov.cn/sjsgtzyj/200801/t20080124_1264237.html.

中国政府网:《中国基尼系数"七连降"贫富差距继续缩小》http://www.gov.cn/zhengce/2016-01/20/content_5034573.htm.

中国政府网:《国家统计局发布报告显示——70年来我国城镇化率大幅提升》http://www.gov.cn/shuju/2019-08/16/content_5421576.htm.

彩图附录

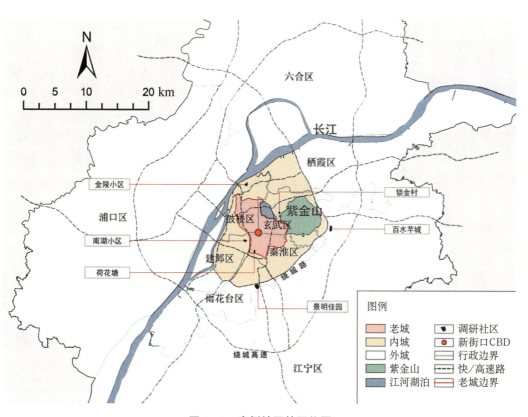

图 3-2 案例社区的区位图

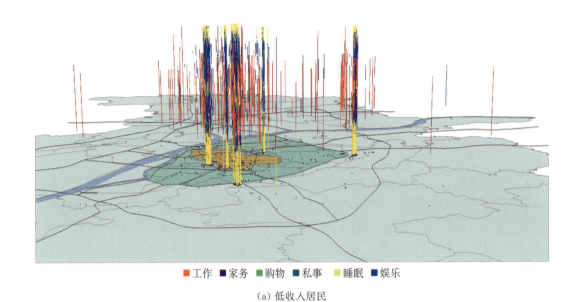

(a) 低收入居民

(b) 非低收入居民

图 4-1 工作日不同收入样本居民活动节奏特征对比

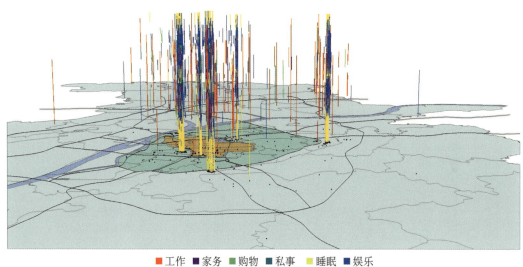

■工作 ■家务 ■购物 ■私事 ■睡眠 ■娱乐

(a) 低收入居民

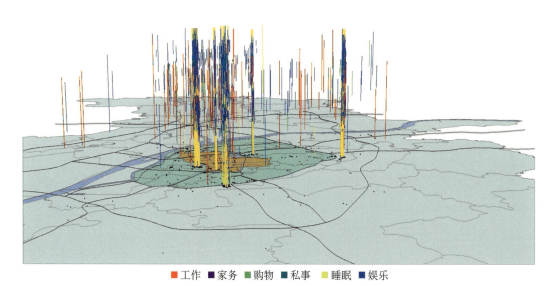

■工作 ■家务 ■购物 ■私事 ■睡眠 ■娱乐

(b) 非低收入居民

图 4-2 休息日不同收入样本居民活动节奏特征对比

城市低收入群体时空行为的社会分异研究

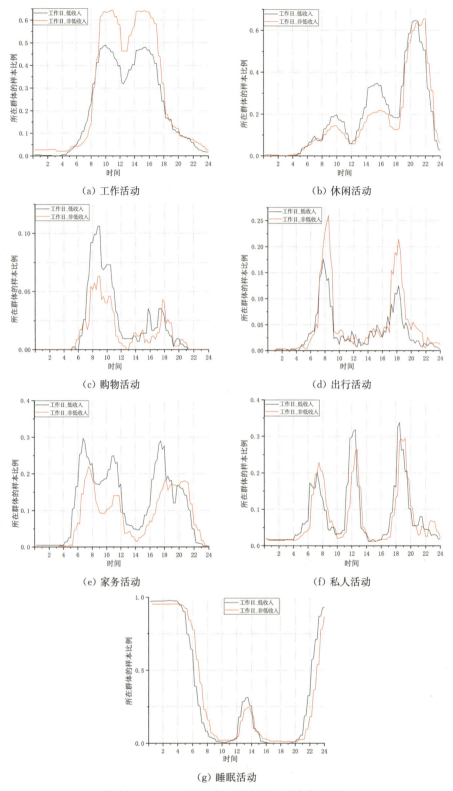

图 4-3 工作日不同收入样本居民活动节奏对比

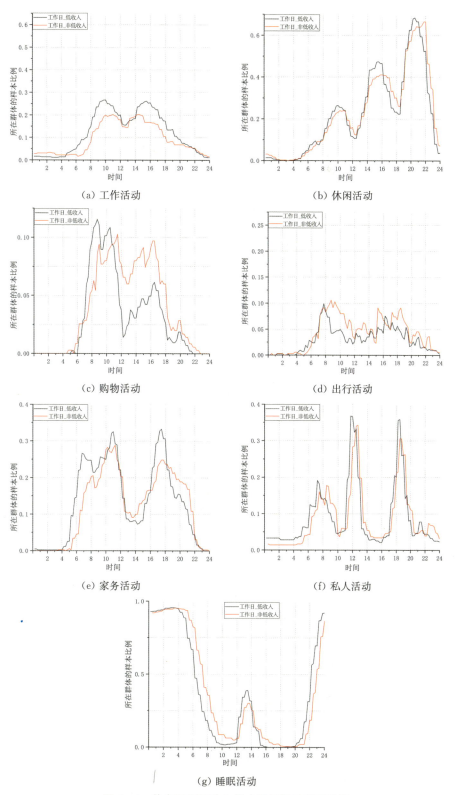

图 4-4 休息日不同收入样本居民活动节奏比较

城市低收入群体时空行为的社会分异研究

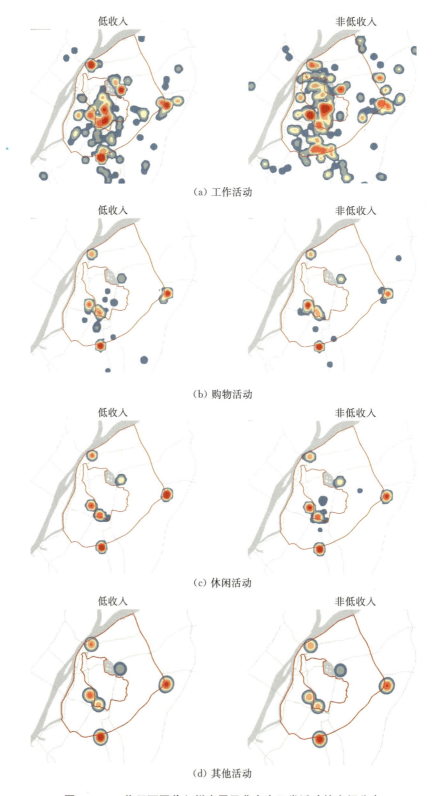

(a) 工作活动

(b) 购物活动

(c) 休闲活动

(d) 其他活动

图 4-6 工作日不同收入样本居民非在家日常活动的空间分布

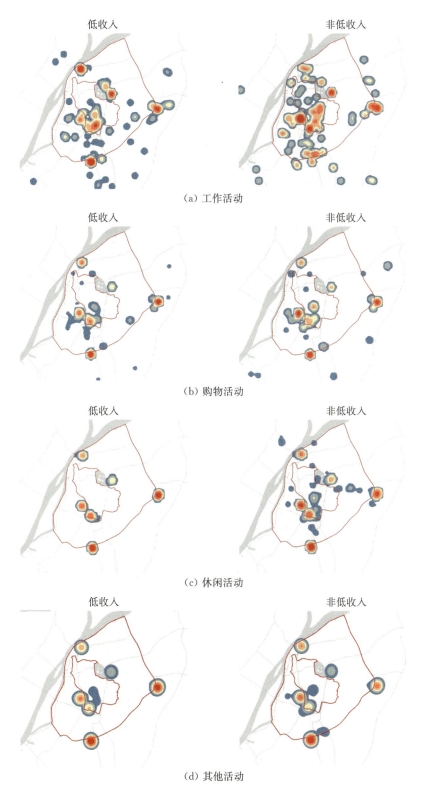

图 4-7 休息日不同收入样本居民非在家日常活动的空间分布

城市低收入群体时空行为的社会分异研究

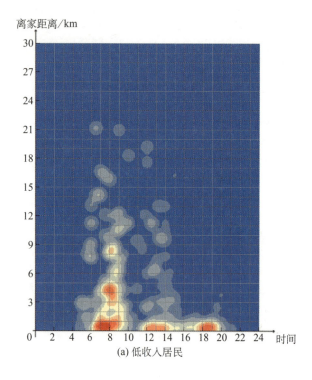
(a) 低收入居民

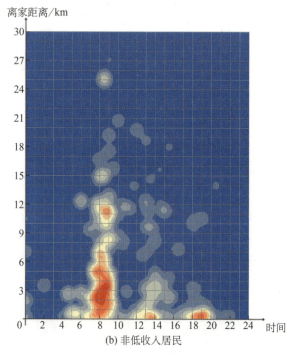
(b) 非低收入居民

图 4-8 工作日不同收入样本居民非在家活动的时空特征

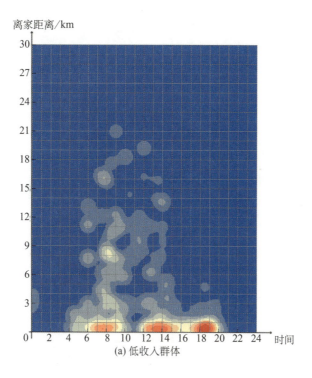
(a) 低收入群体

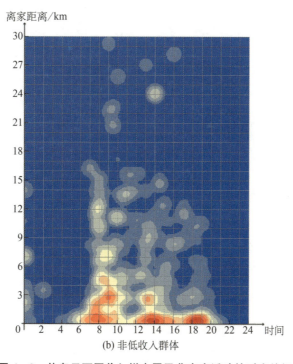
(b) 非低收入群体

图 4-9 休息日不同收入样本居民非在家活动的时空特征

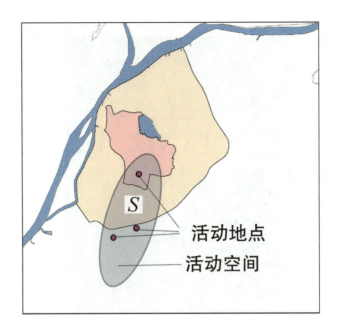

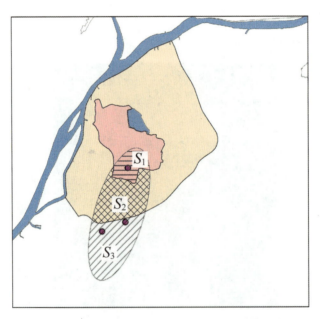

图5-1 个体对不同类型城市空间的利用计算示意图

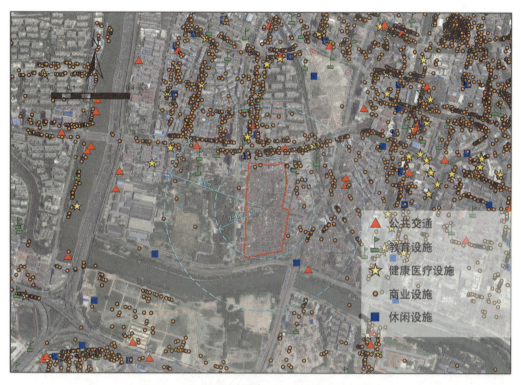

图 6-1 荷花塘社区周边主要公共服务设施分布

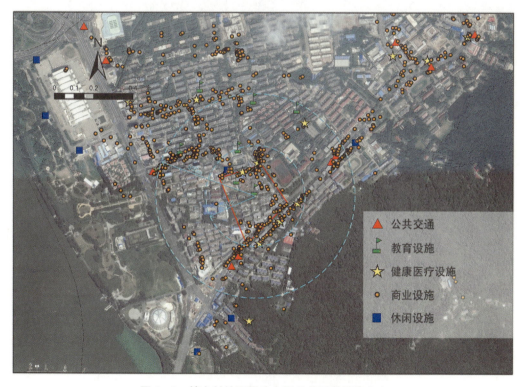

图 6-2 锁金村社区周边主要公共服务设施分布

| 城市低收入群体时空行为的社会分异研究

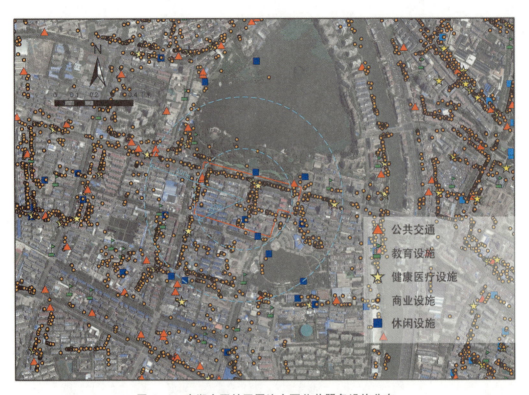

图 6-3 南湖小区社区周边主要公共服务设施分布

图6-4 金陵小区社区周边主要公共服务设施分布

城市低收入群体时空行为的社会分异研究

图 6-5 百水芊城社区周边主要公共服务设施分布

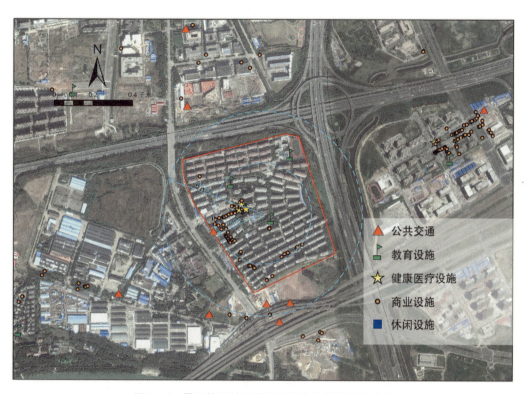

图 6-6 景明佳园社区周边主要公共服务设施分布